청소년들의 진로와 직업 탐색을 위한
잡프러포즈 시리즈 44

# 최선의 공간을 꿈꾸는
# 건축가

청소년들의 진로와 직업 탐색을 위한 잡프러포즈 시리즈 44

# 최선의 공간을 꿈꾸는 건축가

김세종 지음

TALK SHOW

집이 작은 우주라면
지붕은 우주의 문턱이다.

- 티에리 파코, Thierry Paquot -

건축은 빛과 함께 할 때 정확하고
근사해지는 지식인들의 게임이다.

- 르 코르뷔지에, Le Corbusier -

# C·O·N·T·E·N·T·S

# C·O·N·T·E·N·T·S

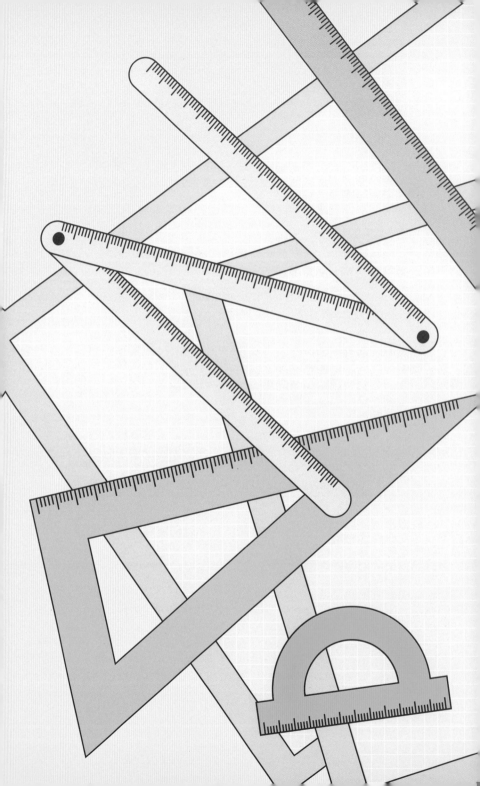

# 건축가 김세종의
# 프러포즈

여러분이 상상하는 앞으로의 삶은 어떤 모습인가요? 자신의 미래를 마음속으로 그려 보았더니 세계를 향해 전진하며 열정적으로 일하는 모습이 떠오를 수도 있고, 어느 근사한 곳에서 느긋이 차를 마시는 모습이 떠오를 수도 있어요. 이 두 가지 상상은 서로 다른 사람의 모습이 아니라 한 사람이 떠올리는 두 가지 미래일 수 있죠. 우리는 하나의 모습만으로 살아가진 않으니까요.

저 역시 마찬가지예요. 제 안에도 도시의 빌딩 숲을 뛰어다니며 꿈을 실현하고 있는 나와 시골의 한적한 길을 걸으며 자연을 즐기는 내가 동시에 존재하죠. 이 두 가지 모습이 조화를 이루며 나라는 사람을 만들어 가는데요. 도시도 그런 특성을 가져요. 고층 타워처럼 반짝거리며 자신의 위용과 존재감을 드러내는 건축물이 있는가 하면, 좁은 골목에서 만나는 정갈한 한옥처럼 걷는 이의 시선을 오랫동안 잡아끄는 건축물도 있거든요. 서로 다른 모습을 한 다양한 건물들이 조화를 이루며 도시를 구성하고 있죠.

다양한 건물과 건물을 연결하고 조화를 찾아 새로운 공간을 창조해 내는 것이 바로 건축이에요. 건축은 사람들에게 휴식과 평안을 주고, 합리적인 경제적 대안과 생산성을 창출하는 역할을 하죠. 건축학은 일상에선 특별히 인식하진 못하지만 우리 생활과 가장 밀접하게 연결된 중요한 학문이고요.

명동에 가면 중앙우체국이 있고, 경복궁에 가면 국립현대미술관이 있죠. 전주에는 농촌진흥청이 있고, 창원에는 경상대학교병원, 강원도에는 평창 알펜시아리조트, 화성에는 남양도서관이 있고요. 이들은 모두 제가 디자인한 건축물이에요. 이 외에도 여러 지역에서 저의 생각과 땀이 스며있는 현장을 만날 수 있는데, 제 머릿속 이미지가 실제로 구현되어 기능하는 것을 볼 때면 매번 특별한 감정에 휩싸이곤 해요. 완성해 내기까지의 고됨과 완성해 냈다는 뿌듯함, 구상이 온전히 기능하는 것에 대한 순수한 기쁨이 교차하죠.

세계여행을 떠나는 사람들은 무엇을 위해 그 먼 길을 가는 걸까요? 지역 특유의 경관을 보기 위해 가는 사람도 있겠고, 박물관이나 미술관 또는 공연장에서 예술의 흔적을 찾고 감성을 깨우려는 사람도 있겠죠. 또 하나의 중요한 이유는 유적이나 건축물을 보기 위해 여행을 떠나는 것인데요. 우리는 고대의 유적이 그 오랜 세월에도 무너지지 않은 이유를 들여다보며 선대의 위대함에 감탄하고, 영감을 주는 아름다운 건축물을 보며 찬사를 늘어놓기도 하죠. 건축의 역사를 통해 인류의 지난 과거를 인식하기도 하고요. 수백 년이 흘러도 변하지 않는 존재감을 선물하는 것이 건축이고, 앞으로도 변함없이 사람들의 안식처가 돼 줄 것이 바로 건축이죠. 이를 창조하는 이들이 저와 같은 건축가고요.

인류의 역사가 말해주듯 아무리 세상이 변하고 발전한다 하여도 인간이 살아있는 한 건축은 영원한 학문이자 문화, 예술의 한 영역으로 남아있을 거예요. 그 중심에서 자신만의 세계를 창조하며, 자신이 만들어낸 세계를 통해 뿌듯함과 기쁨을 느끼고 싶은 친구들에게 이 직업, 건축가를 프러포즈해요.

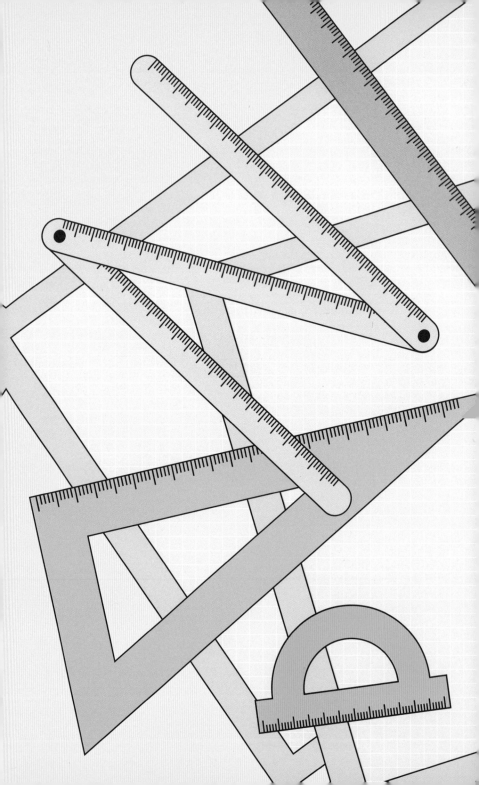

# 첫인사

편 먼저 자기소개를 부탁드려요.

김 저는 (주)위드종합건축사사무소에서 대표이사로 근무하고 있는 김세종이라고 해요. 저희 회사는 1994년 창립 이래 사업자나 개인들이 필요에 의해 의뢰한 건물들과 정부에서 발주한 설계경기*를 통해 수주한 건물들의 디자인을 수행하고 있어요. 저는 설계와 시공과정에 참여하여 총괄 책임자로서 업무를 수행하고 있고요. 현재는 세종정부종합청사와 소방청종합치유센터 그리고 군산항종합터미널 등 다수의 프로젝트를 진행하고 있어요.

편 이 일을 한지는 얼마나 되었나요?

김 제가 처음 건축 전문가로서 일하기 시작한 게 1987년 11월이니 지금까지 약 34년째 이 일을 하고 있네요. 건축사사무소를 운영한 것은 2014년부터니 8년 정도 되었고요.

편 이 일을 하게 된 계기가 있나요?

김 제가 대학에 입학할 무렵인 80년대 초반은 우리나라의 경제

---

* 설계경기: 경쟁을 통해 설계안(案)을 결정하기 위해 복수의 제안을 모집하는 경기를 말해요. 보통 우수한 질의 설계안과 성공적으로 프로젝트를 수행할 능력이 있는 건축가를 찾을 목적으로 실시하며 심사를 통해 적절한 설계안을 선정하죠.

부흥기로 공대 진학 열기가 대단하던 시기였어요. 저 역시 공대에 입학했고, 2학년에 되면서 전공과목을 선택해야 했는데요. 그전까지는 어떤 전공이 나에게 적합할지 깊이 생각해 본 적이 없었죠. 진로에 대해 얘기해 준 사람도 없었고요. 그제야 처음으로 내가 원하는 직업에 대해 고민하기 시작했어요. 내가 잘하는 것은 무엇인지, 취업이 잘되고 수입도 좋은 전공은 무엇인지, 평생 일할 수 있는 업종은 어떤 분야인지 생각해 봤죠. 그러다 문득 중학교 기술 과목 설계제도 시간에 연필로 그려 제출한 도면이 선생님께 칭찬을 받고, 대회에 출품해 상까지 받았던 기억이 떠올랐어요. 제게 설계 능력이 있을지도 모른다는 생각이 들었고, 건축물을 설계하는 미래를 상상해 보기 시작했죠. 그러다 보니 내가 살 멋진 집을 직접 설계해 보고 싶더라고요. 그렇게 건축과에 가게 되었고, 지금까지 이렇게 건축가로 일하고 있죠.

편 건축가라는 직업 선택에 만족하나요?
김 그럼요. 만족스럽지 못했다면 이렇게 오랫동안 이 일을 해오지 못했을 거예요. 건축이 예술과 다른 점이 있다면 건물을 완성하기 위해선 건축주의 의견을 적극 수용하고 의견을 교환하며 그들이 원하는 건물에 대해 고민하는 과정이 필요하다는 거예요. 건물

디자인의 경우 시대에 따라 요구되는 공간의 조건들도 바뀌게 되고요. 즉, 건축가는 고객과 시대의 요구를 바탕으로 전문가의 입장에서 사용자의 행동을 연구하고 창조적인 공간을 창출하여 사람들이 만족하는 건물이 되도록 건축물을 설계하고 있지요. 저는 성격상 혼자 일하는 것보다는 이렇게 대화와 소통을 통해 다양한 의견을 수렴하고 그런 의견을 적극 반영해 최선을 향해가는 과정이 참 좋아요.

건축은 완전히 새로운 것을 창조하는 게 아니라 최선의 것을 만들어 가는 과정이라고 할 수 있는데요. 정답이 없는 분야다 보니 서로 조율하는 과정에서 인간의 삶과 철학에 대해 이해할 수 있고, 나와 다른 또 다른 인생에 대해 배우기도 해요. 그런 과정을 거쳐 만든 건축물이기에 완성한 건물을 바라보면 당시의 일들이 떠오르며 벅찬 감정에 물들게 되죠. 이때가 건축가로서 가장 만족스럽고 보람된 순간이고요. 제 손길을 거쳐 창조된 건축물이 향후 100년간은 존재하면서 많은 사람들이 사용하고 느끼는 공간이 될 거라 상상하곤 해요. 그 공간을 방문한 사람들이 꿈꾸게 될 수많은 미래가 내 건축물과 함께 하리라는 상상도 하죠. 그런 상상만으로도 더없이 행복해지고요.

제 손길을 거쳐 창조된 건축물이 향후 100년간은 존재하면서
많은 사람들이 사용하고 느끼는 공간이 될 거라 상상하곤 해요.

**편** 이 직업을 프러포즈하는 이유는 무엇인가요?

**김** 저는 특별한 동기나 누군가의 추천을 통해 건축가라는 직업을 선택한 건 아니에요. 중학교 기술 과목 선생님의 칭찬 한마디가 저를 건축가라는 직업에 종사하게 만든 동기였죠. 특별한 이유를 가지고 선택한 직업은 아니지만 건축이라는 단어를 머릿속에 담고 지낸지도 벌써 40년이 되어가네요. 오랫동안 열정을 갖고 즐겁게 일할 수 있었던 건 건축가란 직업이 갖는 특별함 때문이 아닐까 생각해요. 그 특별함을 여러분도 느껴봤으면 해요.

첫 번째 특별함은 직업 자체의 보람이라 할 수 있어요. 인간이 살아가는데 꼭 필요한 조건을 들라 하면 옷, 음식, 집(衣, 食, 住)이겠죠? 집이든 회사든 학교든 공공시설이든 우리는 하루 중 많은 시간을 어떤 공간 안에서 생활할 수밖에 없잖아요. 먹고 자고 일하고 놀고 공부하는 대부분의 행동이 이루어지는 곳이 건축물이기에 좀 더 안락하고 즐거운 공간이 되도록 건축가들이 중요한 역할을 수행하고 있죠. 사람들에게 그런 편안함과 기쁨을 준다는 것이 이 일의 가장 큰 특별함이에요.

건물은 어디서나 볼 수 있어요. 사람들은 각자의 눈으로 좋은 건물, 살고 싶은 건물, 아름다운 건물을 판단하고 느끼죠. 그렇다고 아무나 그런 건물을 지을 수 있는 것은 아니에요. 누구나 쉽게 접근

가능하면서도 전문성을 필요로 한다는 것이 두 번째 특별함이죠. 건축물은 머릿속에서 생각한 대로 쉽게 지어지지 않아요. 관련 법률이나 주어진 예산의 범위 내에서 적절한 재료와 공법을 활용해야 하는데, 이는 최고의 전문가적 영역이라고 할 수 있죠. 예를 들어 어떤 빌딩을 설계하고 시공한다고 했을 때 구조설계는 물론 전기설계, 기계설계, 토목설계, 조경설계, 인테리어 설계도 해야 하며, 정보통신과 방재 등 여러 분야에서 필요한 요구 조건과 설계 조건을 검토한 후 적절한 계획안도 제시해야 하죠. 건축가는 전체적인 공간과 예산, 법률적인 사항을 검토하고 조율하는 최고 책임자가 되어 빌딩을 완성시켜요. 그야말로 풍부한 지식과 경험, 즉 전문성을 필요로 하는 일이죠.

세 번째 특별함은 건강이 허락하는 한 나이와 상관없이 계속 일할 수 있다는 점이에요. 오히려 세월이 흐를수록 전공 지식이 계속해서 쌓이기 때문에 경험은 매우 큰 장점이 되죠. 대학 1학년을 마쳤을 때 친구들과 함께 어떤 전공을 택할 것인지, 내 적성에 맞는 전공은 무엇인지, 어떤 전공이 나의 미래를 담보할 수 있을지 뜨거운 논쟁을 벌이곤 했어요. 그러면서 각자 자신에게 최적이었던 전공을 선택했죠. 제가 대학에 입학했을 당시는 80년대 초반으로 산업이 눈부시게 성장하는 단계였고, 공업입국의 고도성장 단계였어요. 돈을 많이 벌 수 있는지와 취직이 잘 되는지가 전공과 직업 선택의 기준인 시기였고요. 많은 친구들이 그런 기준에 따라 전자과나 전자통신과, 기계공학과 등을 선택했고, 졸업 후 반도체 관련 회사에 취직했어요. 물론 처음에는 모든 조건이 만족스러웠지만 40대 초반이 되자 퇴사하는 친구들이 늘어갔죠. 이유를 들어보니 과학기술의 발전을 따라가기가 너무 어려운 데다 그들을 바짝 추격해오는 젊은 친구들의 실력이 월등히 좋아 밀리게 되었다는 거예요. 건축 분야 역시 첨단 시공 공법과 재료, 과학기술로 인해 건물은 첨단화되고 고층화되어가고 있어요. 계속 연구되고 발전하고 있는 것은 다른 분야와 마찬가지죠. 하지만 디자인적인 측면에는 인문학적 요소가 많기 때문에 그동안 축적된 경험과 노하우가 절대적으로 필요하며 활용되고 있다는 것이 다른 점이에요. 나이가 많다고 무조건 시대에 뒤처지는 것이 아니라 숙련된 경험이 장점으로 작용하는 직업인 것이죠.

건축 분야의 경우 관련 산업이 매우 다양해 창업의 기회가 많다는 것이 네 번째 특별함이에요. 사업시행이나 설계, 시공, 유지관리는 물론 거기서 더 세분화된 다양한 분야까지 굉장히 많은 산업이 활성화되어있거든요. 최근에는 인문학적, 인체공학적, 미학적, 건강학적 접근을 통한 융합 분야의 활발한 연구와 창업까지 이루어지고 있죠.

　인간이란 존재에게 건축물은 단순한 공간이 아니에요. 우리가 태어나서 죽기까지의 모든 과정이 건축물에 오롯이 담기죠. 건축가는 인간이 살아가는데 반드시 필요한 공간을 더욱 안전하고 안락하게 만듦으로써 귀한 직업으로 여겨지는 것이고요. 인간의 삶의 방식을 이해하고 그것을 바탕으로 공간을 설계하며, 그 공간을 통해 사람들을 행복하게 만들어 주는 직업, 건축가를 프러포즈해요.

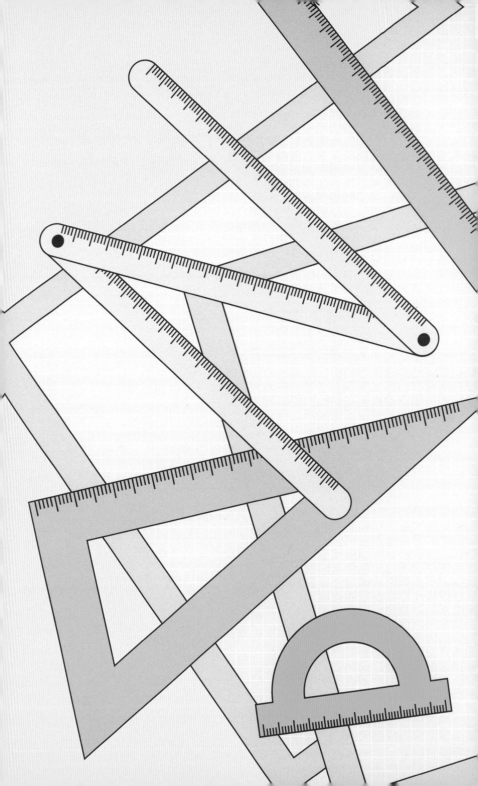

# 건축가의
# 세계

편 하루 일과가 궁금해요.

김 건축가의 하루는 프로젝트 추진 과정에 따라 달라지기 때문에 정해진 바는 없는데요. 보통 아침에 출근하면 그날의 일정과 과제 목표를 정하고 팀원들과 회의를 하면서 관련 사항을 공유해요. 회의가 끝나면 각자 맡은 일을 수행하고, 과정상 협의할 내용이 있으면 그때그때 처리하죠. 오후에는 그날의 일들을 정리하고 난 후 계획했던 대로 성과가 있었는지 점검하고요.

# 건축가가 일하는 곳은 어디인가요?

**편** 건축가가 일하는 곳은 어디인가요?

**김** 건축가가 일하는 곳은 사무실 혹은 시공 현장이에요. 사무실이나 시공 현장은 전국 어디도 될 수 있고, 해외가 될 수도 있죠. 우리나라의 건축기술은 세계적인 수준이라 전 세계 곳곳에서 일할 기회가 많거든요.

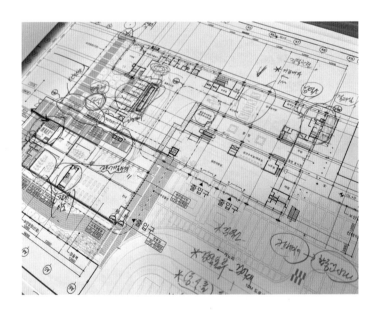

# 고객은 어떤 사람인가요?

**편** 고객은 어떤 사람인가요?

**김** 주택을 짓는 경우 고객은 일반인 건축주가 되겠지만, 저는 주로 대정부 관청 업무를 하다 보니 공무원이나 감독관과 일하고 있어요. 전에 한 번 세종시의 타운하우스를 설계한 적이 있는데, 그런 것처럼 주택이라 해도 100세대 이상 되는 대규모 단지의 설계를 맡기 때문에 한 세대의 주택이나 작은 상가를 설계하면서 고객을 일대일로 대면할 일은 거의 없죠.

아주 오래전인 1991년에 작은 단지를 설계하고 시공한 적이 있었어요. 반포동에 있는 빌라 단지로 9세대가 입주할 예정이었고, 당시 금액으로 10억 원이 넘는 곳이었으니 꽤 고급 빌라였죠. 4성 장군부터 외교부 차관, 모 그룹의 부회장, 관세청장, 상공부 차관 등을 역임했던 분들이 살 곳이었는데, 모두 취향이 다르다 보니 9세대의 건축주를 일일이 만나 그분들 각자의 요구 사항에 따라 시공을 해드렸어요. 성격이 좋아 대화가 편한 분도 있었고, 권위적인 사람도 있었고, 알아서 해달라는 방관자적인 사람도 있었죠. 마지막 유형이 편할 거라 생각할지도 모르겠는데, 사실은 그렇지가 않아요. 수수방관한 분은 꼭 클레임을 걸거든요. 전문가에게 맡기면 알아서 잘할 줄 알았는데 왜 이렇게 밖에 못 했냐고 하는 분이 대부분이죠. 반면 하나하나 꼼꼼하게 챙기고 요구 사항이 다소 많은 사람은 일할 땐 좀 피곤하지만 그만큼 결과에 만족하기 때문에 오히려 일하기 좋고요.

**편**. 기억에 남는 고객이 있다면요?

**김**. 방금 얘기한 반포동 빌라가 완공되고 한참 입주를 하던 즈음 비가 엄청나게 내린 날이었어요. 맨 위층이었던 4층에 거주하던 분이 새벽 한 시 반쯤에 전화를 해서는 지금 난리가 났으니 빨리 와보라고 하는 거예요. 급히 택시를 잡아탔는데 비가 얼마나 많이 내리는지 앞으로 나가는 것도 쉽지가 않았죠. 겨우 도착해서 보니 안방의 침대 위로 물이 줄줄 떨어지고 있었어요. 그런 일은 있을 수가 없는 일이라 너무나 당황스러웠죠. 우선 쓰레받기로 방에 고인 물을 다 치우고 밤을 새워 정리했어요. 원인을 찾아보니 바람이 강하게 불면서 큰 비닐이 날아가 빗물 홈통에 걸린 것 때문이었어요. 비가 조금씩 내렸으면 비닐이 걸려 있어도 흘러내렸을 텐데 폭우가 몰아치니 빗물이 넘치면서 그게 지붕 천장으로 흘러들었던 거죠.

건설회사에 입사해 맡은 첫 번째 현장에서 그런 일이 벌어졌으니 얼마나 가슴이 철렁했는지 몰라요. 그런 마음을 아는지 사모

님께서 우린 괜찮으니 너무 긴장하지 말라면서 오히려 저희를 다독여 주셨죠. 그 와중에 직접 따뜻한 커피도 타주고 아침밥까지 먹고 가라고 하셨는데, 죄송해서 식사는 못하겠더라고요. 몹시 불편할 수 있는 상황에서도 깊은 이해심과 배려로 저희를 감싸준 게 고마워서 지금도 매우 좋은 기억으로 남아있어요.

부자나 사회적 지위가 높은 사람들은 계산적이거나 도도할 거란 생각을 하기도 했는데 꼭 그렇지만은 않다는 걸 느꼈죠. 오히려 자신이 해야 할 일은 분명히 하고 남을 잘 배려하는 모습을 보면서 배운 게 많았어요. 빌라를 완공하고 나서 몇몇 분들은 고맙다면서 식사 초대를 해 주셨는데요. 웬만해서는 집을 지어줬다고 해서 현장의 말단 직원들을 초대해 식사를 대접하진 않거든요. 이 일을 계기로 제 안의 편견이 사라지는 경험을 했죠.

# 고객과의 소통도 중요할 것 같은데, 의견 조율은 어떻게 해 나가나요?

**편** 고객과의 소통도 중요할 것 같은데, 의견 조율은 어떻게 해 나가나요?

**김** 건축가는 내가 짓고 싶은 집을 짓는 게 아니기 때문에 냉정하게 보면 서비스업이라고도 할 수 있어요. 건축주가 원하는 방향으로 그들이 원하는 설계를 해야 하는데, 불가능한 사항은 이유를 설명해 주어야 하고 더 괜찮은 안이 있으면 제안도 해야 해서 의견 조율은 매우 중요하죠.

사람들은 각자 자신이 살고 싶은 집에 대한 로망이 있어요. 초고층에 위치한 펜트하우스에 살고 싶다거나 자연을 품은 전원주택에 살고 싶다거나 하는 로망 말이에요. 디자인 취향도 각양각색이죠. 모던이나 앤티크, 빈티지, 클래식, 북유럽, 스페인 등 나름대로의 취향이 있기 때문에 이 책을 쓰기 전 인터뷰를 하듯 건축주를 만나 인터뷰를 해요. 어떤 집을 짓고 싶은지, 예산은 얼마인지, 식구는 몇인지, 특별히 원하는 공간이 있는지, 활동할 수 있는 공간이 필요한지 등의 내용을 충분히 듣고 우선 요구하는 조건들을 분석하죠.

예를 들어 안방 옆에 취미방을 만들고 싶다는 고객이 있다고
해 봐요. 구조나 면적을 보니 지상보다는 지하에 취미방을 꾸미는
게 좋을 것 같다면 넓은 지하를 이용해 개방감을 주는 것은 어떤지
제안하는 것이죠. 지하를 사용할 수 없는 구조라면 옥상에 옥탑방
을 만드는 것을 제안할 수도 있고요. 디자인 같은 경우 예전엔 외국
의 건축 관련 서적을 많이 구입해 스크랩한 후 보여줬어요. 요즘엔
구글에 해외 자료가 많아서 이를 출력해 스타일별로 제시하죠. 고
객이 스타일을 정하면 그 스타일에 맞는 디자인을 두세 개 만들어
보여주고요. 그런 식으로 의견을 좁혀나가고 있죠.

# 자신의 포트폴리오 중 가장
# 대표적인 건축물은 무엇인가요?

**편** 자신의 포트폴리오 중 가장 대표적인 건축물은 무엇인가요?

**김** 그동안 굉장히 많은 작업을 해서 한 가지로 좁히긴 좀 어려워
요. GS건설에서 근무할 당시 제가 수주해서 공사한 것만 금액으로
따지면 3조가 넘거든요. 그래도 대표적인 걸 골라본다면, 우선 철
도시설공단에서 일하는 중에 설계한 대전 KTX역사와 GS건설로
이직한 후 작업했던 국립현대미술관, 평창 알펜시아리조트를 꼽을
수 있겠네요. 미술관과 리조트는 제가 직접 시공까지 했기 때문에
완공 후 더 큰 감흥이 있었죠.

한국건축문화대상은 매년 우수한 건축물이 탄생할 수 있는 토
대를 만들고 건축인의 창작 의욕을 높이기 위해 만들어진 건축상
인데요. 국립현대미술관은 2014년에 한국건축문화대상 사회공공
부문 대상에 선정되기도 했어요. 여섯 개의 마당에 건축물을 배치
해 건물 내외를 유기적으로 연결하고 도심 속에서 다층적인 용도
로 활용할 수 있도록 설계된 점이 높은 평가를 받았죠.

평창 알펜시아리조트는 강원도 도시개발공사에서 발주하고
GS건설에서 설계와 시공을 일괄로 수주하여 수행한 프로젝트인데

국립현대미술관

평창 알펜시아리조트

요. 2005년부터 2007년까지 2년 동안 기술영업담당 팀장으로 일하며 설계 시공을 책임졌어요. 미국과 일본, 중국으로 출장을 다니며 견학도 했죠. 스키장과 골프장, 호텔, 콘도미니엄, 음악당, 워터파크, 체육시설 등 다양한 건물들이 조화롭게 어우러진 아름다운 곳이에요. 특히 2018 평창동계올림픽이 개최된 장소로서 큰 의미를 갖고 있죠.

# 그동안 진행했던 프로젝트 중
# 가장 애착이 가는 것은 무엇인가요?

[편] 그동안 진행했던 프로젝트 중 가장 애착이 가는 것은 무엇인가요?

[김] 30여 년을 일하면서 수많은 프로젝트를 수행했는데요. 그중에서 특별히 애착이 가는 걸 고르자면 정부세종청사와 전주 농촌진흥청, 창원경상국립대학교병원을 얘기하고 싶어요. 특히 창원경상국립대학교병원은 자연을 품은 인간 중심의 친환경 녹색병원으로 지어져 더 마음이 가는 건축물이에요. 도시와 해양, 자연이 한껏 어우러진 창원이라는 지역의 진취적인 이미지를 담아 설계했고요, 패시브 디자인과 신재생 에너지를 통한 에너지 절약 계획을 효과적으로 구현해 내 좋은 반응을 얻기도 했죠.

앞서 얘기했던 평창 알펜시아리조트도 애착이 많이 가요. 발주처에서 미국과 캐나다의 올림픽 시설보다 훌륭하게 짓고자 하는 열망이 커서 해외 답사도 많이 하며 설계를 해 나갔죠. 미국 콜로라도에 있는 비버크릭이라는 리조트에도 다녀왔는데, 그곳에는 실제로 비버가 살고 있었어요. 그들이 집을 짓는 것을 보면서 자연의 위대함과 보존의 가치를 느낄 수 있었고 깊은 인상을 받아 제 설계에도 참조하게 되었죠. 고민을 많이 한 만큼 리조트에 다녀온 분들의 평가가 좋으면 어깨가 으쓱해져요.

창원경상국립대학교병원

## 시간이 날 때는 어떤 일을 하나요?

편 시간이 날 때는 어떤 일을 하나요?

김 건축은 다양성이라는 특징을 가지며 보는 사람에 따라 건축가의 철학과 디자인이 다르게 해석될 수 있는 분야라 끊임없이 공부하는 게 매우 중요해요. 매달 발간되는 기존 작품 소개 책자를 정기적으로 받아보며 다른 사람이 만든 공간에 대해 생각해 보는 시간을 갖고 있죠. 또한 건축은 수많은 인간의 생각을 담아내야 하기 때문에 인문학 도서도 많이 보고 있고요. 제 자녀가 첼로를 전공하고 있는데요. 아이와 소통하기 위해 클래식 연주나 뮤지컬 감상 등 다양한 문화생활도 하고 있죠. 아이를 위해 시작한 일이지만 이러한 경험이 새로운 영감을 떠올리게 하는 기회가 되기도 해요.

편 요즘 주요한 관심사는 무엇인가요?

김 최근 들어 코로나-19로 인해 전 세계적으로 비대면 활동의 비율이 높아지고 있어요. 집에서 인터넷을 통해 수업을 듣는 학생들과 재택근무를 하는 직장인이 많아졌죠. 주택의 기능이 조금씩 변화하고 있는 것인데요. 그런 만큼 이전의 집이 휴식을 취하거나 잠을 자는 공간, 가족의 소통 공간으로서 따뜻하고 편안한 분위기로 꾸며졌다면, 이젠 사회적 업무 공간으로서의 역할도 필요하다고 생각해요. 또한 전에는 직주근접, 즉 직장과 주거지가 가까워야 출퇴근 시간을 절약할 수 있고 개인 생활을 좀 더 누릴 수 있었다면, 이젠 출근 빈도가 낮아져 굳이 주거공간이 도심에 자리 잡을 필요가 없어졌죠.

이러한 사회 변화가 향후 우리 생활에 어떤 영향을 미치며 이에 대응하는 건축 디자인의 방향은 어디일지가 요즘의 제 관심사예요. 과학의 발전으로 인해 근무환경과 생활환경의 요구 조건들도 변하고 있어 이에 따라 건축 역시 변화하겠죠. IT 기술이나 자율주행 시스템이 활용되면 사회구조가 바뀌고 그에 따라 도시의 구조도 변할 거고요. 그런 부분도 관심을 갖고 지켜보는 분야예요.

**편** 매력은 무엇인가요?

**김** 건물을 디자인하게 되면 건축물이 세워질 장소나 건축하기까지의 기간, 요구 조건 등이 매번 달라져요. 상황이 계속 바뀌다 보니 결과적으로 똑같은 건물은 어디에도 없게 되죠. 물론 아파트를 보고 다 같은 건물이라고 얘기하는 사람이 있을 거예요. 비슷해 보이지만 자세히 살펴보면 아파트마다 내부와 외부 환경은 확연히 달라요. 외국의 경우에는 아파트를 지을 때 골조와 외관만 완성하고 인테리어는 개인의 개성을 살려 디자인해 살고 있어 집집마다 확실히 다른 모습이고요. 매번 다른 공간을 상상하고 만들어 가는 것이 건축의 가장 큰 매력이죠.

의뢰된 프로젝트에 착수하게 되면 이 공간을 사용할 사람은 누구이며 몇 명인지, 사업이 잘 되게 하려면 어떤 편의시설을 제공해야 하는지 고민하고, 그동안의 경험에 상상력을 더해 작품을 완성해 나가는데요. 그 과정은 설렘 그 자체예요. 이 감정이 일할 때만 느껴지는 건 아니에요. 버스를 타고 가다, 식사를 하다 문득문득 새로운 아이디어가 떠오르면 바로 스케치를 하거나 글로 적어요. 그러다 보니 설렘의 감정이 일상까지 이어지죠. 저는 하나의 공간과 그곳에서 살아갈 사람의 꿈을 상상하는 일이 정말 즐거운데, 늘 행복한 상상을 할 수 있다는 것이 굉장한 매력이에요.

만약 여러분이 자신이 살 곳을 스스로 디자인한다면, 각자 그동안 꿈꿔왔던 모습으로 공간을 꾸미고 싶을 거예요. 건축가는 그런 여러분의 생각을 눈앞에 구체적인 이미지로 보여주죠. 함께 고민하고 함께 상상하면서요. 생각이 하나로 모아지면 실제로 건축물을 구현해 내는데요. 상상을 현실로 바꾸는 것 역시 이 일의 매력 중 하나죠.

버스를 타고 가다, 식사를 하다
문득문득
새로운 아이디어가 떠오르면 바로
스케치를 하거나 글로 적어요.

📭 건축가로서의 자질이 일상생활에 유용하게 쓰였던 적이 있었나요?

📭 건축 디자인을 많이 하다 보면 상상만 해도 공간의 느낌과 규모를 알 수 있어요. 가구를 사려고 할 때는 집의 느낌과 잘 맞는 색상과 크기를 자동으로 인식하게 되고요. 또한 건축가로서 일한 경험은 제 집을 구매할 때 좋은 건축물을 찾을 수 있게 도와주며, 일을 하면서 습득한 정보는 투자에 아주 유용하게 작용하죠.

# 단점에 대해 알려주세요.

**편** 단점에 대해 알려주세요.

**김** 건축은 매우 다양한 분야로 이루어져 있어요. 그런데 주변 사람들은 건축가라고 하면 건축에 대한 모든 것을 알고 있을 거라 단정하고 이런저런 질문을 하죠. 잘 모르는 게 있어서 모른다고 하면, 그래도 전공인데 우리보단 잘 알지 않겠냐며 답변을 요구하고요. 그럼 참 난감하지만, 중요한 일인 경우 주변에 있는 전문가를 찾아서 내용을 확인하고 답변을 해 주기도 하죠.

업무와 관련된 단점도 있어요. 삼성이나 GS, 현대 같은 큰 건설 회사에는 우수한 직원들이 많이 입사하는데요. 그 신입 직원들 중 3년 이내에 몇 퍼센트가 퇴사를 할 것 같아요? 초기 퇴사율이 30퍼센트에 육박해요. 대기업이라 연봉도 높지만 10명 중 3명은 견디지 못하고 그만두는 것이죠. 물론 다른 일을 하고 싶어서 그만두는 경우도 있지만, 대부분은 건설업이 본인과 잘 맞지 않아 그런 결정을 내려요.

건설 현장의 경우 보통 여름엔 오전 6시, 겨울엔 오전 7시에 작업을 시작하기 때문에 5시 반이나 6시 반에는 현장으로 출근을 해야 하죠. 도착하면 체조로 업무를 시작하고, 공사기한이 촉박하면 주말에도 나와 일을 해야 하고요. 건설 현장이란 게 그런 식으로 운영되다 보니 체력적으로 너무 힘들어서 많은 사람들이 몇 년 지나지 않아 그만두고 있어요. 현장에서의 근무가 쉽지 않다는 것이 단점이라고 할 수 있죠.

🔲 그런 결정을 내리는 데에는 근무시간뿐만 아니라 현장의 환경도 영향을 미치겠죠?

🔲 그렇죠. 사실 어느 현장이든 분진도 많고 냄새도 꽤 나거든요. 보통 먼지 냄새로 표현되는 건 화학물질들이에요. 건설에 많이 사용하는 콘크리트가 굳어지면서 수화열이 나고 거기서 화학물질이 뿜어져 나오죠. 그런 환경에 노출되어 있으면 아무래도 몸이 상하고, 피부 역시 햇빛에 노출되는 시간이 많으니 빨리 노화될 거예요. 그래서 많은 분들이 현장 대신 본사에서 일하고 싶어 하는데, 본사 직원의 비중이 전체 직원의 10퍼센트도 되지 않아 실제로 근무지를 이동하는 건 쉽지 않죠.

🔲 본사 근무자와 현장 근무자는 어떤 식으로 나눠지나요?

🔲 일단 신입 직원을 채용하면 회사에 적응할 수 있도록 3개월 정도 사내 교육을 해요. 이후 적성검사를 하며 현장으로 가고 싶은지

본사에서 근무하고 싶은지 의사를 확인하죠. 요즘은 대부분이 본사 근무를 희망한다고 하더라고요. 그렇지만 아까 얘기했듯이 본사 근무 직원은 전체 직원의 10퍼센트도 되지 않아요. TO*가 매우 적기 때문에 원하는 대로 갈 수는 없죠. 그래서 최근에는 우선 모두 현장으로 보낸 후 거기서 적응을 잘하고 일을 철저하게 해서 반짝반짝 빛나는 친구가 있으면 본사로 불러들여요.

여기서 꼭 얘기하고 싶은 게 사내 교육 시스템이에요. 대기업에는 인재 육성 프로그램이 있어서 대리 정도의 직급부터 교육 대상자를 뽑아요. 핵심 직원을 선정하기 위함이죠. 흔히들 우리 사회는 5퍼센트가 전체를 이끌어간다고 얘기하는데, 그 말은 회사에서도 적용되는 얘기죠. 어떤 조직이든 실제로 핵심적인 정책을 결정하고 이끌어가는 일을 하는 사람은 10퍼센트도 되지 않거든요. 그 10퍼센트를 만들어 내기 위해 대기업에선 전체 직원 중 교육 대상자를 선정해 교육을 하고 있는 것이고요.

인재 육성 프로그램은 예를 들면 이런 식으로 진행돼요. 우선 회사에서는 추천을 통해 대리 중에서 200명을 뽑아 교육하죠. 이

---

* TO: Table of Organization, 조직편성표란 뜻으로 일정한 규정에 의해 정한 인원을 말해요.

후 그 200명 중에서 성적과 내부적인 판단, 인사고과를 고려해 상위 100명을 선정하고요. 여기에 탈락한 100명 중에 괜찮아 보이는 사람 20명을 더 포함시켜 총 120명에게 과장 교육을 시키죠. 이때부터 전문적인 교육이 들어가는데, 시공 지식만이 아니라 인사관리, 회계관리, 노무관리와 같은 관리자 교육도 함께 시켜요. 거기에 부수적으로 일주일에 책 한 권을 주고 리포트를 써오게 하거나 강의를 듣고 온라인 시험을 보게 하는데, 일을 하면서 공부까지 하는 게 쉬운 일은 아니에요. 다른 직원들과 똑같이 일하며 업무에서 성과도 내야 하는데, 교육과정도 통과해야 하니 굉장히 힘들 수밖에 없죠.

이 과정을 무사히 마치면 이제 부장 교육을 해요. 제가 GS에서 근무할 당시의 예를 들면 부장의 경우 억대 연봉 이상을 받아요. 현장에 나가게 되면 수당을 더 받고요. 이후 성과를 잘 내는 부장들 중에서 14~20명 정도를 뽑아 최종 임원 교육을 하고 MBA까지 취득하게 하죠. 영어회화는 임원들이 갖춰야 할 기본 소양이기 때문에 영어시험은 필수고, 정신수양법이나 와인 교육, 사회적 예절과 에티켓, 외국의 문화와 역사까지 가르치고요. 100퍼센트 그 사람들 중에서만 임원이 나오는 건 아니지만 대부분은 그렇게 임원이 되죠. 이처럼 오랜 시간 동안 교육과 훈련을 거쳐 임원이 되기 때문에 임원이 되지 못한 사람과는 확연한 차이가 생긴다고 생각해요.

저희 회사의 경우 작은 조직이지만 대기업처럼 교육 제도를 활용하고 싶어 여러모로 노력하고 있어요. GS에 다니면서 배운 것이니 활용해야 하잖아요. 우선은 좋은 인재를 끌어들이기 위해 인센티브 제도를 운영하고 있죠. 회사의 좋은 인재가 유출되지 않도록 인재관리 프로그램이나 교육관리 프로그램도 운영하고 있고요. 건축은 물론 자기관리나 역사 등 다양한 주제로 프로그램을 운영하며 관련 명사를 초청해 강의를 듣기도 해요. 회사의 규모도 작은 데다 프로그램 운영이 쉽지도 않지만 교육의 중요성을 잘 알기 때문에 계속 해 나가고 있어요. 다행히 직원들도 매우 좋아하죠.

# 기억에 남는 사건이나
# 에피소드도 많을 것 같아요.

**편.** 기억에 남는 사건이나 에피소드도 많을 것 같아요.

**김.** 첫 직장이었던 건설회사의 시공 현장에서 근무할 때였어요. 담당한 곳이 고급 빌라라 거실에 이탈리아에서 생산하고 가공한 대리석을 시공할 예정이었는데요. 소장님이 바닥 시공을 할 땐 평탄함이 생명이라는 거예요. 평탄함이 가장 중요하다고 하는데 눈으로는 아무리 봐도 알 수가 없었죠. 어쩌나 하고 고민을 하다 기계의 과학적인 힘을 빌려야겠다고 생각했어요. 그런데 알아보니 기계의 가격이 너무 비싸더라고요. 절망적이었는데, 주변에서 일하는 분에게 탁구공이나 골프공을 굴려서 공이 굴러가는 방향이 기울어진 쪽이라는 설명을 듣게 되었죠. 너무나 쉬운 방법인데다 비용도 거의 들지 않잖아요. 그 방법으로 바닥 시공을 잘 끝내고 소장님께 칭찬을 받았는데 기분이 정말 좋았어요. 그 작은 사건을 겪으며 경험이 중요하다는 걸, 누구에게서든 생활의 지혜를 구할 수 있다는 걸 다시 한번 깨달았죠.

그리고 언젠가 목동 현장에서 일을 한 적이 있었는데요. 윗분이 계단을 따라 최상층까지 올라가더니 계단의 수직이 조금 안 맞는다고 하는 거예요. '아니, 기계도 없는데 어떻게?' 하는 의문이 들어 윗분에게 어떻게 알았는지 물었죠. 그랬더니 추를 실로 매달아 위에서 내려 보라고 하더라고요. 아! 하고 느낌이 왔죠.

평창 알펜시아리조트 설계를 한참 진행하고 있을 때의 일도 기억나요. 대관령은 눈이 많은 지역이라 호텔 지붕에 쌓인 눈이 미끄러져 내리면 아래에 지나다니는 사람이 위험할 수 있다는 거예요. 거기에 더해 처마에 물홈통을 설치하여 보완하라는 지시가 있었죠. 사무실에 앉아 비용을 계산해 보니 자재비와 공사비가 어마어마했어요. 계획에도 없던 큰일이 생긴 거죠. 그때 미국 콜로라도를 방문했을 때 찍은 리조트 사진을 보기 시작했어요. 건물 지붕 곳곳에 뿔처럼 보이는 것이 있더라고요. 눈이 많이 내리는 지역에서 지붕에 쌓인 눈이 흘러내리는 것을 방지하기 위해 설치한 Snow Stop이라는 장치였어요. 너무나 간단한 방법을 찾은 거죠. 작은 아이디어가 문제 해결의 돌파구가 된 경우였어요. 여러분이 알펜시아리조트를 방문하게 된다면 지붕을 꼭 봐주세요.

## 일을 하다 보면 문제가 생기는 경우도 있겠죠.
## 그럴 땐 어떻게 하세요?

**편** 일을 하다 보면 문제가 생기는 경우도 있겠죠. 그럴 땐 어떻게 하세요?

**김** 저희가 수행하는 업무들의 경우 실수를 하게 되면 금전적으로나 시간적으로나 큰 손실을 보게 되는 일이 많아요. 영영 돌이킬 수 없는 경우도 있고요. 프로젝트를 수행하면서 실수를 줄이고 가장 좋은 선택을 하는 방법은 사전에 검토를 꼼꼼히 하고 경우의 수를 비교해서 최고가 아닌 최선을 선택하는 거예요. 이러한 일은 아무리 전문가라 해도 혼자서 하기는 힘들어요. 다른 전문가나 참여자의 의견을 경청해서 판단을 내리는 것이 매우 중요한 일이란 거죠.

검토를 했다 하더라도 문제는 발생할 수 있어요. 어떤 문제가 생겨서 결정을 내려야 할 때는 우선 침착해야 해요. 문제의 원인을 파악하는 것이 중요하기 때문에 차분하게 상황을 짚어나가는 것이 필요하죠. 그다음은 해결책을 마련하는 일인데요. 문제는 해결 방법이란 게 언제나 이해관계자 각자의 입장에 따라 다를 수 있다는 거예요. 그러니 해결 방법을 모색할 때는 세 개 정도의 해법을 마련하는 것이 좋아요. 너무 많으면 오히려 선택에 어려움을 겪게 되니

문제의 원인을 파악하는 것이
중요하기 때문에 차분하게 상황을
짚어나가는 것이 필요하죠.

그 정도가 적당하죠. 여기서 중요한 건 선택은 혼자 하지 않는다는
거예요. 이해 당사자 모두를 참여시켜서 의견을 듣고 서로의 입장
을 조율하는 것이 최선의 해법을 마련하는 방법이죠. 선택에는 책
임이 따른다는 것도 기억해야 해요. 이해관계자들이 모두 회의에
참여했다면 서로 의견을 조율하고 문제 해결을 위한 최선의 결정
을 내린 후 그것에 대한 책임도 나누어야 하죠.

## 수많은 일 중 우선순위를 결정하는
## 나만의 방법이 있나요?

**편** 수많은 일 중 우선순위를 결정하는 나만의 방법이 있나요?

**김** 업무가 일시적으로 과중될 때가 종종 있어요. 몸은 하나인데 처리할 일들이 많으면 우선 업무를 있는 대로 나열하죠. 그리고 나서 분류를 하는데, 방법은 중요한 일과 사소한 일, 급한 일과 여유가 있는 일로 구분하는 것이에요. 거기서 다시 1번, 중요하고 급한 일, 2번, 중요하지만 여유가 있는 일, 3번, 사소하지만 급한 일, 4번, 사소하고 여유가 있는 일로 구분하고요. 제 일 처리 순서는 3번, 1번, 2번, 4번이에요. 자주 있는 일이면서 일부 실수가 있더라도 문제가 생기지 않는 일은 빨리 처리하고, 중요한 일의 경우 충분히 검토해야 하는 일, 즉 실수를 하면 안 되는 일이라고 보고 심사숙고해야 한다는 의미죠.

# 일을 잘 수행하기 위해
## 따로 노력하고 있는 것이 있나요?

**편** 일을 잘 수행하기 위해 따로 노력하고 있는 것이 있나요?

**김** 업무를 잘 수행한다는 것은 목표에 부합하는 일들을 정확하게 그리고 주어진 시간 내에 처리해야 하는 것을 의미하겠죠. 그러기 위해 첫째는 업무의 전문성이 중요해요. 고객은 나의 전문성을 믿기 때문에 디자인을 의뢰하는 것이거든요. 둘째는 스케줄 준수예요. 건축은 추후 공정이 기다리고 있어서 사전 일정 준수는 필수죠. 셋째는 업무 종료 후의 유기적인 관리예요. 모든 일은 상황에 따라 변화할 수 있으므로 그때마다의 적절한 대응은 성공의 조건이기도 하죠. 전문성과 스케줄 준수, 사후의 유기적 관리 이 세 가지가 제가 이 일을 잘 수행하기 위해 노력하는 것들이에요.

**편** 업무에 필요한 공부를 하거나 자기계발의 시간을 갖기도 하나요?

**김** 건축가는 시대의 흐름을 정확하게 파악하고 이를 자신의 일에 반영해야 해요. 경제 상황이나 사람들의 생활 패턴이 달라짐에 따라 건축에 대한 기대도 바뀌니까요. 경제가 좋지 않으면 실용성을 추구하게 되고, 경기가 좋으면 안락함과 화려함을 쫓게 되죠. 20년 전에는 신도시 개발이 한창이었는데 당시는 실용성이 강조되던 시기였어요. 법이 허락하는 범위 내에서 최대한의 효용성이나 경제성을 강조하며 설계를 했죠. 그런데 지금은 어떤가요? 삶의 질이 중요하게 부각되면서 여유 있고 아름다운 건축, 현재의 생활 패턴이 적용된 건축을 요구하죠. 이러한 흐름을 파악하기 위해 건축 공부도 하지만 인문학적 감성을 높일 수 있는 활동을 많이 하고 있어요.

유명한 관광지를 구경하다 보면 시대에 따라 건물도 다른 모습을 하고 있다는 걸 알 수 있을 거예요. 건축 디자인은 계속해서 바뀌고 있죠. 시대마다 아름다움의 기준이 달라지거든요. 사람들이 갖고 있는 아름다움에 대한 생각이나 관점도 중요하기 때문에 트렌드를 이해하기 위한 공부도 하고 있죠. 미의 기준뿐만 아니라 건축 관련 법규, 건축자재, 건축공법 기술 역시 변화 또는 발전하고 있는데요. 이러한 요소는 디자인에 영향을 미치기 때문에 이 역시 반드시 알아야 하고요.

# 일하면서 한계를 느낀 적이 있나요?

**편** 일하면서 한계를 느낀 적이 있나요?

**김** 저는 늘 하고 싶은 목표가 충만해 있어요. 그만큼 고민도 많이 하고요. 항상 최고의 것을 만들고 싶기 때문이죠. 그런데 건축이란 게 저 혼자 하고 싶은 대로 할 수 있는 분야가 아니기에 최고라는 목표를 세우고 최선을 다한다 해도 한계에 부딪치는 경우가 종종 있어요. 기본적으로 의뢰인들의 의견을 바탕으로 디자인을 하고, 건축법규나 가격, 시간 등에 제약을 받기 때문이죠. 의뢰인들마다 각각 다른 요구 사항이 존재하는데, 그것들이 전문가의 눈으로 볼 때 모두 최선은 아니란 말이에요. 그럼 설득하려고 노력하지만 모두 제 의견을 따르진 않죠. 그럴 때 한계를 느끼곤 해요.

**편** 고객의 요구가 많이 까다로운가요?

**김** 요구 사항이 자주 바뀌거나 까다로운 성격으로 인해 일의 진행이 다소 순탄치 못한 경우가 있긴 해요. 전에 고급 빌라를 짓고 있을 때였는데요. 저와 의뢰인, 인테리어 조명설계자가 함께 회의에 회의를 거듭해 조명기구와 욕실 타일을 결정하고 시공까지 완료했죠. 그런데 그즈음 의뢰인이 스페인으로 출장을 가 한 호텔에 머무르게 되었는데, 그 호텔의 욕실 타일이 마음에 들었다고 그 제품으로 다시 시공을 해달라는 거예요.

이미 완성한 부분을 다시 철거하고 새로 시공하는 것은 굉장히 번거롭고 시간도 걸리는 일이에요. 게다가 사진을 찍어온 것도 아니고 어느 호텔의 욕실 타일이라고만 해서 답답하긴 했지만 어쩔 수 없이 고객의 요구를 수행해야 했죠. 사용자는 평생 그 욕실을 이용해야 하는데 어쩌겠어요. 스페인 영사관에 연락해 해당 호텔의 자재를 사고 싶다고 말씀드렸어요. 다행히 관계자분이 친절하게 알아봐 주셔서 팸플릿을 받아 제품을 확인하고 의뢰인이 원하는 대로 재시공을 했죠. 힘들긴 했지만 고객이 고마워하며 만족하는 모습을 보니 저 역시 기분이 좋더라고요.

한 번은 조명기구를 골라 보여주고 승인을 받은 후 시공까지 완료했는데요. 이 고객이 일본의 조명 가게에 가서 새 조명을 사서 는 김포공항으로 부친 거예요. 그걸 찾아다 다시 시공해 달라는 거였죠. 어쩔 수 없이 원래 조명을 다 철거하고 다시 새 조명을 달았어요. 사실 부유한 사람들을 상대하다 보면 그런 일이 종종 있어요. 굉장히 많은 금액을 주고 집을 짓기 때문에 충분히 그럴 수 있는 권한이 있다고 생각하죠. 당시엔 젊을 때라 굳이 그렇게까지 할 필요가 있나 하는 마음이 있었는데, 만약 지금 제가 집을 짓는다고 하면 저 역시 만족할 만한 공간을 만들기 위해 계속해서 더 좋은 제품을 찾을지도 모르겠어요. 요구 사항이 자꾸 바뀌더라도 그렇게 직접 나서서 계속 의견을 내는 분들이 대체로 집에 대한 만족도가 높은 것도 사실이고요.

# 스트레스는 어떻게 해소하나요?

**편** 스트레스는 어떻게 해소하나요?

**김** 아무래도 사람과 사람 사이에서 일하다 보니 육체적인 고됨보다는 정신적으로 힘든 일이 많아요. 일하다 스트레스를 받으면 보통 운동을 하거나 한강을 바라보며 멍 때리기를 하죠. 운동에 집중하거나 멍 때리기를 하다 보면 머릿속이 비워져서 좋더라고요. 코로나-19 전에는 아침 5시면 일어나서 5시 20분에 출근했어요. 그럼 6시 10분 정도면 회사에 도착하는데, 간단하게 정리를 하고 8시 30분까지 운동을 했죠.

**편** 슬럼프가 오면 어떻게 해결하나요?

**김** 슬럼프란 남이 주는 것이 아니라 내가 스스로 느끼는 것이라고 생각해서 피하기보다는 적극적으로 해결하는 편이에요. 방법은 특별한 게 아니에요. 나 자신에게 잘하고 있다고 격려하는 것이죠. 잘하고 있고, 잘할 수 있다고 마음속으로만 얘기해도 힘이 생기더라고요. 육체적인 피로감도 크게 기인한다는 생각이 들어서 피로가 쌓이지 않도록 푹 자는 것도 방법 중 하나고요.

# 성취감을 느끼는 순간이 있나요?

편 성취감을 느끼는 순간이 있나요?

김 저는 설계를 하기 전에 건물이 지어질 장소에 가서 현장과 주변의 모습을 관찰해요. 아무것도 없는 대지일 때도 있고, 나무와 풀로 둘러싸인 자연 그대로일 때도 있죠. 그랬던 곳이 여러 단계를 거치면서 멋진 공간이 되고, 많은 사람들이 편안하게 사용하는 모습을 보면 성취감과 보람을 느껴요.

경기도 화성시에 있는 남양도서관을 설계한 적이 있는데, 완공된 후에 학생들이 어떻게 사용하는지 궁금해서 찾아간 적이 있어요. 어린이들이 그곳에서 동화책을 읽고 즐겁게 재잘대며 노는 것을 보니 뿌듯하기도 했지만, 책을 읽거나 공부하는 학생들을 보면서 제 어린 시절이 떠올랐어요. 저도 어렸을 땐 동네 문화원 같은 곳에 가서 책을 읽었거든요. 건축가들은 항상 상상 속에서 디자인을 하고, 상상 속에서 건물을 짓는데요. 상상 속의 디자인이 실제 건물로 구현되어 기능하는 것을 볼 때면 저 말고도 많은 건축가들이 성취감을 느낄 거라 생각해요.

● 설계를 하기 전에 건물이 지어질 장소에 가서 현장과 주변의 모습을 관찰해요.

**Job**
Propose 44

**편** 반대로 좌절감을 느끼거나 포기하고 싶었던 순간이 있었나요?

**김** 다니던 건설사에서 퇴직하고 꿈에 부풀어 건축사사무소를 창업해 열정적으로 일하던 때였어요. 당시 정부에서 대학을 너무 많이 허가해 주는 바람에 몇몇 학교는 학생이 없어 해당 대학들이 통폐합을 하게 되었죠. 제주도에 있는 한라대학교도 통합되어 교정이 매각 대상이 되었어요. 밤낮을 고민하며 한라대학교를 전문 문화시설로 변경하기 위한 계획을 짰죠. 서울과 제주도를 여러 번 오가며 지역 관계자와 만나 계획을 얘기했고요. 성사 단계까지 이르렀지만 정부와 지역주민 간의 갈등이 심화되어 결국 포기할 수밖에 없었어요. 무엇보다 애정을 가지고 열중했는데 성과를 내지 못해 굉장히 좌절했고, 꿈이 사라지는 느낌까지 들었었죠.

**편** 이 일을 꾸준히 해 나가는 원동력은 무엇인가요?

**김** 디자인은 전적으로 창의적인 행위예요. 만약 한 가지 일을 30여 년간 계속한다면 매너리즘에 빠지고 말겠죠. 그런데 건축 디자인은 늘 새로운 걸 만들어 내야 해요. 어떤 의뢰를 받던 똑같은 일이 없다 보니 프로젝트를 착수할 때마다 설렘에 빠지곤 하죠. 그런 설렘이 저를 늘 가슴 뛰게 만드는 것 같아요.

프로젝트를 착수할 때마다 설렘에 빠지곤 하죠.

**Job**
Propose 44

# 업무를 수행하는 과정에서 가장 고민되는 부분이나 신경 쓰는 부분이 있다면요?

**편** 업무를 수행하는 과정에서 가장 고민되는 부분이나 신경 쓰는 부분이 있다면요?

**김** 건축은 나를 만족시키는 것이 아니라 사용자를 만족시키고 문화를 선도하는 역할을 해요. 그런 의미가 있는 만큼 흡족한 디자인을 했는데 완공 후의 평가도 좋다면 더없이 만족스럽죠. 그렇지만 모든 건물이 그런 것은 아니에요. 가끔은 스스로도 만족하지 못하는 경우가 있어요. 드러내놓고 말은 못 하지만 아쉬운 점은 후회로 남죠. 그런 후회가 없도록 항상 고심하고 있어요.

## 건축가를 꿈꿨을 때와
## 건축가가 되고 난 후 달라진 점이 있다면요?

편 건축가를 꿈꿨을 때와 건축가가 되고 난 후 달라진 점이 있다면요?

김 건축을 전공하면서 수많은 집을 상상하고 설계했어요. 나중에 내가 살 집은 내가 직접 설계하고 꾸미겠다는 작은 소망도 생겼고요. 공부를 하다가도 멋진 건축물을 상상하면 즐거워지곤 했죠. 그런데 막상 건축가가 되고 나니 내가 원하는 대로 건물을 지을 순 없었어요. 개인적인 취향은 잠시 내려놓고 건축주의 삶을 이해하고 함께 미래를 그리며 협업하고 있죠. 물론 전문가로서 제가 갖춘 지식과 문화적인 사명으로 타인의 삶의 모습을 리드하기도 하지만요.

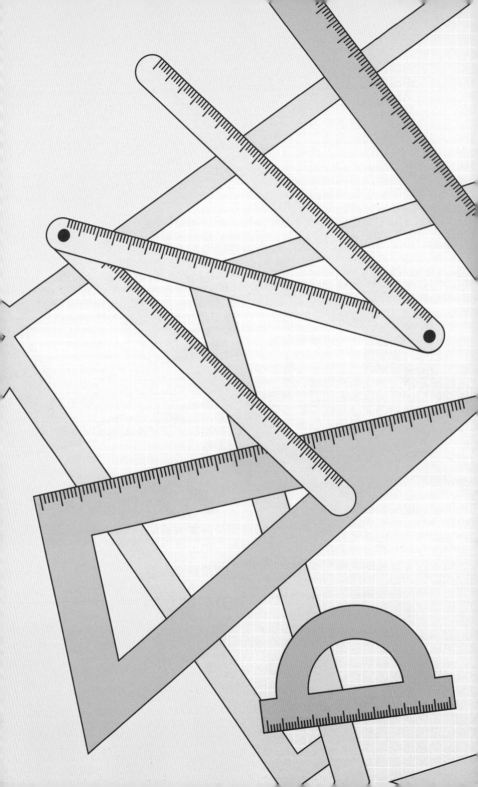

# 건축가란

# 건축가라는 직업에 대해 소개해 주세요.

**편** 건축가라는 직업에 대해 소개해 주세요.

**김** 건축가란 건물을 건축할 때 계획을 세우고 설계하며 감독하는 사람을 말해요. 의뢰인의 요구 사항을 건축 환경에 반영해 건물을 지으며, 건물이 갖는 경제적 이익 외에도 사회적 삶의 질과 안전을 책임지는 사람이기도 하죠. 관련 법률에 의해 건축가의 자격을 취득한 개인을 건축사라고 불러요.

**편** 어떤 사람들과 함께 일하나요?

**김** 건물의 설계를 의뢰한 건축주 혹은 정부부처의 공무원을 비롯해 건축, 기계, 전기, 토목, 조경, 정보통신을 담당하는 건축가, 시공건설사 직원, 감리사, 인허가를 담당하는 법적대리인, 인테리어 담당자, 소방기술자 등 다양한 사람들과 협력하며 일하고 있어요. 그러다 보니 큰 규모의 프로젝트일 경우 협력업체가 열 개 이상 되기도 하죠. 이 중에서 가장 중요한 사람은 의뢰인인 건축주나 공무원이에요. 그들이 원하는 기본 계획원과 시공비에 맞춰서 디자인의 방향이 결정되거든요.

편 운영하는 사무실에는 어떤 팀들이 있나요?

김 저희 사무소는 크게 디자인 본부와 설계 본부, 관리 본부 이렇게 세 파트로 구성되어 있어요. 각 분야의 전문가들이 모여 협업하고 있죠.

편 함께 일하고 싶은 사람은 어떤 사람인가요?

김 첫 번째는 창의적인 사람이에요. 디자인이라는 분야 자체가 창의력이 없으면 좋은 작품을 만들어 낼 수 없으니까요. 두 번째는 소통이 잘 되는 사람이에요. 앞서 얘기했듯이 함께 일하는 사람이 많고, 그들과 협업하는 게 매우 중요하기 때문에 소통은 반드시 필요하죠. 세 번째는 자신의 분야에 전문적 지식이 충분한 사람이에요. 건축 과정에서의 실수는 안전 문제로 이어질 수 있기 때문에 전문성 역시 중요하죠. 마지막으로 성실한 사람이면 좋겠고요.

# 구체적으로 어떤 일을 하나요?

**편** 구체적으로 어떤 일을 하나요?

**김** 건축가는 예술성과 창의력을 발휘해 도면을 그리며 건물을 설계해요. 설계에 따라 건물이 완성되는 과정을 감독하고요. 좀 더 구체적으로 얘기해 볼까요? 예를 들어 도시 전철역 근처에 건물을 짓고자 하는 건축주가 있다고 해 봐요. 이 건축주의 의뢰를 받게 되면 우선 토지의 위치와 면적을 확인하죠. 이후 건축주 및 디벨로퍼와 함께 건물의 용도와 요구 조건 등을 협의하고요. 협의가 끝나면 1차적으로 법이 허용하는 범위 내에서 건물의 모델링을 하는데, 이를 통해 대략적인 규모와 형태를 파악할 수 있죠.

다음으로 예산을 확인하고 필요한 공간의 규모와 성격에 따라 면적을 구분해요. 이를 기본 계획이라고 하는데, 이 단계에서 평면과 입면 계획 등이 만들어지죠. 계획이 확립되면 건축주와 최종적으로 협의를 마치고, 이제 실제로 시공이 가능하도록 컴퓨터를 이용해 도면을 완성해요. 도면은 사전에 약속된 건축가와 시공자와의 소통 언어라고 할 수 있죠. 도면을 그릴 때에는 건축가의 지휘 아래 전기, 기계, 토목, 조경, 인테리어 등 관련 분야의 도면을 상세하게 만들고 시공 물량을 산정해 공사비 금액도 추정해요.

### 🏠 건축설계
기본 설계를 완성한 후 건축물을 완성하기 위한 도면을 그려요.

### 😊 구조설계
건물이 지진이나 태풍 등 자연재해에도 안전하게 유지될 수 있는 설계를 해요. 뼈대에 해당하죠.

### 😊 기계설계
인체로 표현하면 심장과 혈관이라 할 수 있어요. 건물의 곳곳에 필요한 풍량, 온도, 습도 등을 조절하여 그곳에서 생활할 수 있는 조건을 만들어 주죠.

### 😊 전기 및 통신설계
인체로 표현하면 신경계통이라 할 수 있어요. 온도, 습도, 풍량 등을 조절하는 데 있어서 센서 역할을 하며 조명 등을 이용해 실내외의 밝기를 조절하죠.

### 😊 토목설계
모든 건물은 토지 위에 존재하므로 토질의 상태에 따라 건물의 기초 형식이 달라져요.

### 😊 조경설계
건물은 자연의 일부로서 존재하며, 사람은 그곳에서 평안을 얻어요. 나무와 꽃 등 자연을 이용해 아름답고 건강한 환경을 조성하고 있죠.

도면이 완성되면 시청이나 구청에 제출해 법규에 의해 정당하게 만들어졌는지 확인하고 허가를 받아요. 허가가 나면 시공할 건설사를 선정해 착공에 들어가는데, 건축가는 시공 중에 허가된 설계도면대로 정확하게 건설되고 있는지 관리 감독을 하게 되죠. 시공이 완료되면 구청에서 설계대로 시공이 되었는지 보고 건물 준공을 확인하고 사용을 승인해요. 그럼 최종적으로 건물이 완공이 된 것이고 건축가의 일도 끝나죠.

편 설계와 디자인이 같은 의미로 통용되나요?

김 일반적으로는 같은 의미로 사용해요. 설계를 디자인이라 부르기도 하거든요. 그렇지만 세부적으로 들어가면 다소 차이가 있어요. 건축설계는 건축물을 구축하기 위해 요구되는 기능과 형태의 구조를 결정하고 물리적 형식을 구체화하는 과정을 말해요. 도면을 통해 실질적으로 건축물을 구상하는 과정을 의미하는 것이죠. 건축 디자인의 경우 건물 형태와 공간에 대한 시각적 구성, 연구, 취향, 건축의 미학적 측면을 지칭할 때 사용하고요. 그래서 보면 건축적 디자인만 하는 팀이 있고, 그걸 토대로 실제로 구체화시키는 팀이 있는 거예요. 저희 회사 역시 디자인 본부와 설계 본부로 나뉘어 있죠. 그렇긴 하지만 건물을 지을 때 우리는 건물을 설계한

다, 건물을 디자인한다는 말을 혼용하고 있죠. 일반적으론 같은 의미로 본다는 거예요.

📭 업무의 영역은 어디까지인가요?

🔘 기본적으로 건축 디자인 업무가 주이고 거기에 더해 설계관리 감독과 설계감리 업무를 하게 되죠. 건물을 짓는데 필요한 나머지 일들은 해당 전문가에게 맡겨 가장 합리적인 건축물을 완성하기 위해 노력해요.

📭 주로 어떤 건축물을 설계하나요?

🔘 제가 처음 회사에 들어갔던 때가 중동 건설 붐이 일던 시기였어요. 근무했던 곳이 해외를 대상으로 석유화학 계통의 공장Plant 을 설계하고 시공하는 업체여서 주로 Civil & Building Engineer로 근무했죠. 전문적인 분야이긴 했지만 일을 하다 보니 왠지 주류에서 멀어지는 느낌이 들었어요. 학생 시절 꿈이었던 순수 건축 분야에서 일하고 싶어졌죠. 그래서 건축사 자격증을 취득했고, 이 과정을 통해 큰일에 도전하는 용기도 얻을 수 있었어요.

철도시설공단과 GS건설을 거쳐 지금은 건축사사무소를 운영하고 있는데요. 회사에 다닐 때에는 정부 사업을 맡아 설계부터 시공, 유지관리까지 전 공정을 책임지는 프로젝트를 수행하였고, 현재는 정부관청에서 발주하는 프로젝트를 수주해 시공하고 있어요. 주로 문화집회시설이나 학교, 도서관, 병원, 관공서 등이죠. 이 분야에 집중하는 이유는 제가 가장 잘 이해하고 있는 분야이기도 하지만 여기서만큼은 경쟁력이 있다고 생각하기 때문이에요. 처음부터 관심을 가진 분야는 아니었지만 계속해서 공공시설물을 맡아오다 보니 자연스럽게 이쪽 전문가가 되었거든요.

# 건축설계는 어떤 식으로 진행되나요?

**편** 건축설계는 어떤 식으로 진행되나요?

**김** 우선 의뢰인으로부터 의뢰를 받게 되면 설계의 과정이 시작돼요. 의뢰인은 일반인 건축주가 될 수도 있고 정부가 될 수도 있죠. 일반인인 경우 개인 혼자 의뢰를 하기도 하지만, 경제성을 고려한 건물을 짓기 위해 디벨로퍼와 함께하기도 해요. 디벨로퍼는 해당 토지에 몇 층 규모로 얼마의 예산을 들여 어떤 건물을 지어야 경제성이 있다는 걸 판단해 주는 사람이죠. 의뢰를 받은 후 건축 기획을 하고 계약을 하면 기획 및 계획설계, 기본설계, 실시설계 단계를 거쳐요. 최종 도면이 작성되면 공사에 들어가고 감리를 한 후 준공이 완료되는 것이죠.

정부의 경우 건물을 짓기 전에 타당성 용역이라는 발주를 먼저 내요. 주로 KDI*에서 담당하는데, 예를 들어 종합건물 역사를 짓는다고 하면 얼마의 규모로 지었을 때 효용성이 있는지를 해당 기관에서 검토해 주는 것이죠. 효용성 비율은 1.0이 기준으로 이를 넘으면 지어도 되는 것이고, 그 이하이면 지으면 안 되는 건데요.

---

* KDI: Korea Development Institute, 한국개발연구원

국책사업의 경우 다소 효용성이 떨어지더라도 지역이나 상황에 따라 건물을 짓는 경우도 있죠. 가덕도 신공항의 경우 타당성 용역 자체를 면제해 달라고 하기도 했고요. 검토 결과 효용성이 있다고 판단돼 통과가 되면 기획재정부에서 예산이 나오게 돼요.

그럼 이제 기획설계에 들어가죠. 가설계라고 해서 기본 정보를 가늠할 수 있도록 미리 설계를 해 보고 디자인 제안을 하는 단계예요. 민간과 달리 여기에는 두 가지 길이 있어요. 먼저 PQ*라고 해서 관련 공사나 건설에 자격과 경험이 있는 사람에게 우선권을 주는 경우예요. 두 번째는 최근에 주로 사용하는 방법인데 모든 업체에 해당 내용을 오픈하고 제안서를 받아 가장 디자인이 좋고 공간을 효과적으로 풀어낸 업체에 설계권을 주는 것이죠. 당선된 업체에 설계를 할 수 있는 권리가 주어지고, 그 이후로는 앞서 얘기한 설계의 절차에 따라 업무가 진행돼요.

**편** 일반인 건축주와 정부, 누구를 상대하는 게 더 어려운가요?

**김** 저 같은 경우 정부를 상대하는 게 훨씬 편해요. 일반인들은 본인이 살 곳을 짓는 경우가 대부분이기 때문에 생각이 많은 데다 그

---

* PQ: Pre-Qualification, 입찰참가자격 사전심사

생각이 계속 바뀌기도 해서 중간중간 설계 변경이 발생하거든요. 그런 반면 정부의 공무원들은 기준에만 정확히 맞춰주면 별다른 요구 사항이 없기 때문에 업무가 좀 더 수월하죠.

사실 절차상 해야 할 일만 놓고 보면 정부 일을 할 때 일이 훨씬 더 많아요. 정부의 경우 각 전문가들이 건물의 타당성 즉 잘 지었다, 못 지었다, 어디를 고쳤으면 좋겠다, 어느 부분을 바꿨으면 좋겠다는 판단을 해 주면 그 의견을 듣고 합당하다고 생각되는 건 고쳐주고, 그렇지 않은 경우 이러이러한 사유로 인해 불가하니 승인을 해달라는 절차를 밟아야 해요. 이 밖에도 지하를 팠을 때 안전한지부터 교통 영향 평가까지, 합리적으로 또 법적으로 합당하게 설계되었는지 확인하는 절차와 배리어 프리<sub>Barrier Free</sub>* 심의나 친환경 심의 등 각종 심의도 많고요. 과정이 많긴 하지만 해당 절차와 심의만 준수하면 되기 때문에 개인보다 까다롭거나 힘들진 않더라고요.

---

* 배리어 프리: 고령자나 장애인들도 살기 좋은 사회를 만들기 위해 물리적·제도적 장벽을 제거하자는 것

😊 **기획설계** 기본 사항을 결정하는 단계예요. 건축대지에 관한 각종 자료를 기초로 하여 디자인을 위한 기본적인 정보들을 가늠할 수 있도록 도면을 작성하죠. 도면을 작성하기 전 현장 조사와 답사를 통해 주변 여건을 확인해야 하고요.

😊 **계획설계** 기획설계에서 결정된 개념들을 모두 도면화하는 단계예요. 건축주의 요구 사항과 장래의 변화에 대한 대처 방안, 시공도면의 작성에 필요한 중요사항을 결정하죠. 건축주와의 협의 사항을 충분히 반영해 총체적인 디자인 방침을 결정해요.

😊 **기본설계** 계획설계를 더욱 발전시켜 심화하는 과정이에요. 주어진 계획도면으로부터 구조계획과 설비계획을 진행하죠.

😊 **실시설계** 건축물을 정확히 건설하기 위해 모든 건축 요소를 결정해 도면으로 작성하는 과정이에요. 구조와 설비, 냉난방, 배관, 방화계획 등 관련 분야의 계획을 종합해 건축도면에 반영해 조정하죠.

😊 **설계감리** 실시설계가 완성되면 승인을 받기 위해 도면을 관계 관청에 제출하는 한편, 공사를 진행할 시공회사를 결정해요. 실시설계를 담당한 설계자가 그 건물의 공사감리를 진행하는 것이 일반적이며, 실시설계도를 바탕으로 시공도의 체크, 공정관리, 제품 검사, 마감이나 색채의 결정, 적산서의 체크, 공사 각 단계에서 발생한 문제와 과정을 판단하죠.

해외에서도 근무했다고 들었어요.
해외에서의 업무와 국내 업무는 어떻게 다른가요?

📝 해외에서도 근무했다고 들었어요. 해외에서의 업무와 국내 업무는 어떻게 다른가요?

🔑 제가 처음 해외 프로젝트에 관여한 게 1988년부터이고, 1994년에는 카타르에서 근무를 하기도 했어요. 입사시험에서 영어 성적이 좋아 해외 프로젝트에 투입이 되었는데요. 설계 자료나 공문서 등 모든 것이 영어로 되어 있어서 당황스러웠죠. 설계 기준이나 공사 방법 등을 그 나라의 기준에 따라야 해서 매번 달라지는 조건을 확인하고 준비해야 했던 점이 힘들었고요. 지금 이 책을 읽는 학생들은 어린 시절부터 외국어를 배우고 익히니 저보단 좀 더 수월하게 일할 수 있겠죠?

해외 업무를 하게 되면 다양한 나라의 전문가와 일하게 돼요. 저는 카타르에서 근무할 때 바다 밑에서 천연가스를 끌어올려 정제하는 Qatar Petrochemical Up Stream Project를 수행했는데요. 발주처는 카타르 정부인데, 총괄 책임은 일본의 지요다엔지니어링, 시공 전반의 일정 및 품질관리는 도요엔지니어링이 맡았고, 저희 회사는 건설 및 설계를 담당했죠. 저는 Building

Engineer로 일했는데 함께 일하는 스태프는 영국인, 감독은 일본인, 실시 도면 설계사는 인도인, 저를 보조하는 엔지니어는 필리핀인, 장비 운영자는 파키스탄인, 시공 현장의 노무자는 필리핀인이었고요.

다양한 인종과 함께 일하다 보니 서로 다른 문화와 음식 습관, 행동으로 인해 상대를 이해하고 소통하는 데 있어서 애로사항이 많더라고요. 언어 문제도 다소 있었고요. 힘들었지만 서로를 배려하며 같은 목표를 향해 가다 보니 맡은 일은 순조롭게 끝낼 수 있었어요. 이러한 경험을 통해 우리나라에서 우리의 언어를 사용하면서 일하는 것이 얼마나 나를 자유롭게 하는지 알게 되었죠.

📝 해외에서의 업무에 다른 어려움은 없었나요?

🔲 가족과 떨어져 지내야 하는 것이 가장 힘들었어요. 당시 제 아이가 세 살이었는데 그 아일 보지 못하는 게 정말 괴로웠죠. 그땐 국제전화 비용이 너무 비싸 마음 놓고 통화하기도 어려운 시대였어요. 가족들에게 몇 번 전화하면 한 달 통화료가 20만 원가량 나왔죠. 물가를 고려하면 지금의 70~80만 원 정도가 될 거예요. 굉장히 많은 금액이죠. 중동의 경우 낮에는 너무 더운데 저녁은 바람이 많이 불고 추워서 날씨 때문에 고생했던 기억도 나네요.

# 언제부터 이 직업이 생겼는지 궁금해요.

**편**. 언제부터 이 직업이 생겼는지 궁금해요.

**김** 넓은 의미의 건축가는 인류가 생기고 농사를 짓기 시작하면서 부터 생겼을 거예요. 농사를 지으려면 한 지역에 정착해야 하고 그럼 거주할 곳이 필요하니 어떤 형태로든 살 집을 지어야 했을 테니까요. 의식주는 인간의 기본적인 욕구라 건축가의 역사는 인류의 역사와 함께 했으며 인류의 성장과 함께 발전해 왔다고 보는 것이죠. 직업으로서의 의미를 띠는 최초의 건축가는 이집트의 계단식 피라미드를 설계한 임호텝Imhotep이라고 해요. 기원전 2660년 무렵 한 변이 60m에 달하는 직사각형의 석조 마스터바를 이용해 계단식 피라미드를 건조했다고 하죠.

**편**. 국내에서는 언제부터 건축가가 활동하기 시작했나요?

**김** 최초의 근대 건축가는 얼마 전까지만 해도 1937년에 화신백화점을 설계한 박길룡이라고 알려져 있었는데요. 최근 들어 1932년에 개업한 그보다 12년 먼저 개업한 이훈우가 최초의 근대 건축가라는 사실이 알려지게 되었죠. 그는 1908년에 일본으로 유학 가 나고야고등공업학교에서 근대건축교육을 받았어요. 이후 1920년

에 종로에 설계사무소를 개업하고 천도교의 대신사출세백년기념
관 등 공공성이 강한 여러 건물을 설계하였죠.

## 우리가 알만한 유명한 건축가가 있을까요?

**편** 우리가 알만한 유명한 건축가가 있을까요?

**김** 유명한 건축가는 굉장히 많지만 그중에서도 김중업이나 김수근 같은 분들이 대중에게도 많이 알려져 있죠. 김중업 건축가는 프랑스 파리건축대학 대학원에서 건축을 공부하고 한국으로 돌아와 주한프랑스대사관, 제주대학 본관, 삼일로빌딩 등 다양한 건물을 설계했어요. 이후 프랑스 문화부 고문 건축가, 미국 하버드대학교 건축대학원 객원교수로 활동하기도 했죠. 그의 대표작인 주한프랑스대사관은 한국의 얼과 프랑스의 우아함을 잘 어우러지게 표현했다는 평가를 받으며 한국 현대건축에 큰 영향을 주었어요.

김수근 건축가는 서울대학교 건축학과를 중퇴하고 일본으로 건너가 도쿄예술대학, 도쿄대학 대학원에서 건축을 공부했어요. 박사과정을 마치고 귀국해 건축사무소를 열고 자유센터, 정동빌딩, 한국과학기술연구소 본관, 한국일보 사옥, 부여박물관, 올림픽 주경기장 등 사회 각 분야에서 눈에 띄는 건축물을 설계하였죠. 종합예술지인 월간 〈공간〉을 창간하였고, 공간사랑을 건립하여 문화 활동의 장소로 개방하기도 했고요. 건축과 관련된 다양한 활동을 하며 후진 양성과 현대 건축설계에 큰 업적을 남긴 분이에요.

### 😀 안토니 가우디 Antoni Gaudí

벽과 천장의 곡선미를 살리고 섬세한 장식과 색채를 사용했던 스페인의 건축가예요. 미로와 같은 구엘공원, 구엘교회의 제실 등이 유명하며, 그 중에서도 사그라다 파밀리아 성당은 그의 역작이죠.

### 😀 르 코르뷔지에 Le Corbusier

국제적 합리주의 건축사상의 대표주자로 집은 살기 위한 기계라는 신조를 가진 스위스 태생의 프랑스 건축가예요. 근대건축국제회의를 주재하기도 했으며 거대 주거 단지인 마르세유의 유니테를 설계했죠.

### 😀 미스 반 데어 로에 Mies van der Rohe

전통적인 고전주의 미학과 근대 산업이 제공하는 소재를 교묘하게 통합하였으며, 특히 유리와 철강에 관심을 보였던 독일 출신의 건축가예요. 바르셀로나 국제박람회의 독일관, 시카고의 레이크쇼어드라이브 아파트가 대표작으로 남아 있죠.

### 😀 프랭크 로이드 라이트 Frank Lloyd Wright

광활한 지형을 기반으로 자연과 조화되는 유기적인 건축을 지향했던 미국의 건축가예요. 프레리하우스 시리즈로 유명하며 카프만 저택과 존슨 왁스 본사도 설계했죠.

### 😀 안도 다다오 Ando Tadao

건축은 외형보다 내부에서의 체험이 더 중요하다고 강조한 일본의 건축가예요. 별다른 장식 없이 콘크리트 벽을 커다란 십자가 모양으로 잘라 낸 빛의 교회를 설계했죠.

현재 활동하고 있는 분들 중에 소개하고 싶은 분은 이은석 건축가예요. 홍익대학교와 파리벨빌건축대학, 팡테옹소르본대학교 대학원에서 건축을 공부하고 현재는 건축사무소를 운영하며 경희대학교 건축학과 교수로 재직 중이죠. 한 달에 한 번씩 만나 와인을 마시는 사이이기도 한 이은석 교수는 국제 설계경기에서 몇 차례나 수상한 세계적인 건축가예요. 새천년과 월드컵을 기념하기 위한 상암동 천년의 문 설계경기에서도 1등을 했고요. 물론 예산 문제로 무산되긴 했지만요. 공간적 순수성과 실용성, 단순성의 미학을 바탕으로 장식을 배제한 미니멀 건축물들을 설계해 온 분이세요.

# 건축가로 활동하는 사람이 얼마나 될까요?

**편** 건축가로 활동하는 사람이 얼마나 될까요?

**김** 서울에서 활동하는 사람만 한 2만 명 정도 되지 않을까 싶어요. 현재 서울에 등록된 건축사사무소가 6천 개 정도이고, 그중 실제로 운영되는 곳은 그 절반인 3천 개 정도이고요.

**편** 남녀 비율은 어떻게 되나요?

**김** 여성의 비율이 약간 더 높아요. 6대 4 정도라고 보면 될 것 같아요. 여성의 섬세함이 능력을 발휘하는 직종이죠. 건축학과에도 여학생이 더 많으니 앞으로도 이러한 경향은 계속될 것 같네요.

**편** 예전에는 남성 건축가들이 많지 않았나요?

**김** 맞아요. 전에는 남성 건축가의 비율이 더 높았죠. 시대가 변하면서 이젠 역전이 되었네요. 지금 저희 사무실에 근무하는 직원들의 성비도 반반 정도예요. 특히 디자인 파트는 섬세한 손길과 감성을 필요로 하는데 그런 부분에서 여성 직원들이 더 뛰어난 능력을 보여주고 있죠.

# 외국의 건축가와 다른 점이 있을까요?

**편** 외국의 건축가와 다른 점이 있을까요?

**김** 실제 하는 일에서 다른 점은 없지만 디자인의 성향에서 차이가 난다고 생각해요. 디자인은 해당 지역의 문화에서 결정되거든요. 어떤 게 좋은 디자인이고 어떤 게 나쁜 디자인인지 하는 미의 기준이 나라마다 다르다는 것이죠. 그러다 보니 미국에서 공부한 사람과 프랑스나 독일에서 공부한 사람들의 성향이 각각 달라요. 그게 저희들 눈에는 건축물을 통해 다 보이고요. 예를 들어 스페인은 색채와 선이 강해 강렬한 인상을 줘요. 이탈리아는 고전적인 성향이 좀 있고, 독일은 고딕화 또는 정형화되어 있으며 박스 형태에서 기원한 디자인을 지향하죠. 유리 소재를 사용한 다양한 형태의 디자인이라면 대부분 미국에서 공부한 사람 작품이고요.

**편** 대우는 어떤가요?

**김** 외국 건축가의 대우가 훨씬 좋아요. 우리나라의 경우 국민소득 3만 불 국가라고는 하는데 선진국이라고 부르기엔 아직 모자란 부분이 있죠. 문화가 충분히 성숙되거나 안정되지 못해서 그런 부분이 좀 부족하다고 보고 있어요. 외국은 문화 전반이 안정되어 있기 때문에 디자인에 대한 인식이 더 확고하고 디자인의 가치를 인정해 주고 있죠.

일반인 중에 잘 모르는 사람들은 종이 몇 장 그려주면서 왜 이렇게 비싸냐고 하기도 해요. 얼마 전에 저희 회사 디자인이 마음에 든다며 18층 건물을 설계해 달라는 요청이 들어왔는데요. 견적을 내줬더니 비싸다면서 더 저렴하게 해줄 업체가 있다는 거예요. 이런 식으로 디자인에 대한 개념보다는 무조건 저렴한 게 좋다는 인식도 많죠. 비슷비슷한 건물을 짓는데 이 사람이 하나 저 사람이 하나 다 같을 거라 생각하는 것이에요.

솔직히 그분이 모르는 게 있어요. 설계도서는 계약서의 일부예요. 그런 건물을 건설하려면 공사비가 보통 200~300억씩 들어가는데, 설계도서를 디테일하게 잘 만들어 놓으면 건축 시공하는 사람들이 정확한 건설을 할 수 있게 되죠. 설계도서의 기준을 지켜서 시공할 수밖에 없거든요. 그런데 만약 설계비로 20만 원/$m^2$을 받아야 될걸 10만 원/$m^2$밖에 못 받았다면 설계도서를 자세하게 만들어 줄 수 없겠죠. 어떻게 10만 원을 받고 20만 원짜리처럼 꼼꼼하게 하겠어요. 명품의 차이가 그런 거잖아요. 명품을 잘 모른다 해도 한 땀 한 땀 정성이 들어간 게 눈에 보이고 위조품과는 뭔가 좀 다르다고 느껴지거든요. 설계도서도 똑같아요.

시공하는 사람은 건축가가 작성한 설계도서에 따라 시공을 해야 하기 때문에 그 스펙에 맞추려면 수십억의 돈이 더 들어가기도 해요. 설계도서를 얼마나 잘 만들어 주느냐에 따라 추후의 이익이 결정되는 것인데 초창기에 설계비 1~2억 아끼려다 실제 시공에서 10~20억, 많게는 50억까지 손해를 보는 거죠. 우리 사회 전반에 디자인의 중요성과 가치를 인정해 주는 분위기가 좀 더 형성되었으면 해요.

**편** 건축도 트렌드에 민감한가요?

**김** 그럼요. 10년 단위로 트렌드가 바뀌는 것 같아요. 여러분도 길을 걷다 보면 새로 지어지는 건물의 디자인 경향이 확확 바뀌는 게 눈에 보일 거예요. 예전엔 일본에 가면 매번 정신없이 보는 게 건축물의 외관 디자인이었어요. 트렌디한 건축물도 많고 깔끔한 디자인이 많아 계속 보면서 사진도 찍었죠. 그런데 요즘 가서 보면 일본보다 한국의 건축물이 훨씬 감각 있고 다양해졌다는 걸 느껴요.

**편** 외국의 건축가 중에는 집에 들어갈 가구를 함께 디자인하는 경우도 있던데요?

**김** 집을 완공하고 인테리어를 완성하기 위해선 집에 어울리는 가구를 들여놔야 하는데요. 가구 디자이너는 한 집에 맞는 가구만 제작하는 것이 아니라 일반적인 디자인을 하기 때문에 몇몇 건축가들은 집과 가장 어울리는 가구를 찾지 못해 직접 디자인을 하기도 하죠. 미스 반 데어 로에나 르 코르뷔지에, 아르네 야콥센Arne Jacobsen 같은 건축가들이 건물과 함께 가구까지 디자인했어요. 미스 반 데어 로에의 경우 자신만의 새로운 건축 언어로 표현한 건축물과 어울리는 가구가 시중에는 없다고 판단해 직접 가구를 디자인했죠. 르 코르뷔지에는 집이 가구와 생활용품을 포함해야 하는 산업제품이라고 생각했기 때문에 건축물과 함께 가구까지 디자인했고요.

# 미래에도 필요한 직업인가요?

**편** 미래에도 필요한 직업인가요?

**김** 이세돌과 알파고의 세기의 바둑 대결이 있은 후 언론에서는 연일 AI*에 대한 기사를 쏟아냈죠. 그중에는 AI의 등장으로 인해 미래에 사라질 직업과 관련된 기사도 있었는데요. 창의성을 요하는 직업은 살아남고, 컴퓨터가 대체할 수 있는 직업은 사라진다는 내용이었죠. 그때 건축가는 어떤 직업인가 생각해 본 적이 있어요. 결과는 자명했죠. 건축 디자인만큼 창의적인 것은 드물어요. 매번 건축주의 의견과 제반 상황에 따라 새로운 공간을 창조해 내야 하는 만큼 창의성은 필수거든요.

최근에 건축 플랫폼인 '스케치'가 출시되었어요. 필지 주소와 건물의 용도를 입력하면 불과 3초 만에 기획설계안이 제공되죠. 예상 공사비와 공사기간도 알려주고 각종 법규도 검토하고요. 그럼 이제 건축설계를 컴퓨터 혼자 완성하게 될까요? 저는 그렇지 않다고 생각해요. 건축물은 위치와 예산, 시간, 취향 등에 따라 달라질 수밖에 없거든요. 트렌드에 따라 사람들이 원하는 건물이 비슷하

---

* AI: Artificial Intelligence, 인공지능

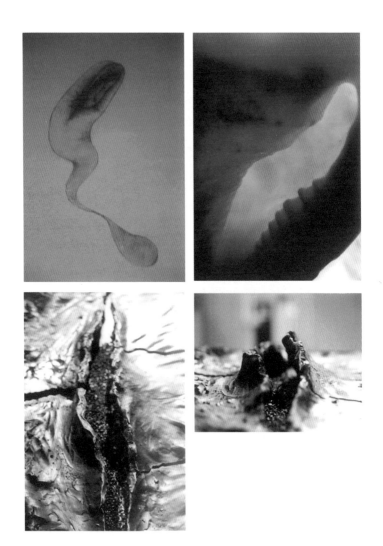

**Job**
Propose 44

다고 해도 실제 지어지는 건축물은 모두 다르죠. 세계 어느 거리를 가든 그건 마찬가지고요. 시대에 따라 경제와 문화에 따라 요구되는 삶의 형태가 다르기 때문에 그 그릇인 건물도 달라지는 것이에요. 기존 데이터를 바탕으로 일반적인 설계안을 만들고 공사비를 제공할 순 있지만 결코 컴퓨터 혼자선 의뢰인 하나하나의 니즈를 만족시킬 순 없죠.

건물을 짓기 위해서는 고객의 개인적인 요구를 충족시키며 창의성을 발휘해 새로운 공간을 창조해 내야 하는 만큼 건축가의 상상력이 사라지지 않는 한 건축가란 직업은 인류와 함께할 거라 생각해요.

# 미래의 건축은 어떤 방향으로 나아갈까요?

**편** 미래의 건축은 어떤 방향으로 나아갈까요?

**김** 이제 자동차 산업은 기계 산업이 아니라 컴퓨터 산업이라고 해요. 최근 반도체가 없어서 자동차 생산이 중단된 일을 보면 틀린 말은 아니라는 생각이 들어요. 예전에는 자동차를 마차와 같이 목적지까지 데려다주는 도구라고 생각했어요. 그러다 좀 더 안전하고 빠르게 이동하는 수단으로 발전되었죠. 그리고 최근엔 자율주행 즉 자동차 스스로 제어를 하며 목적지까지 사람을 안전하게 데려다주는 역할로 바뀌게 되었고요. 자율주행 덕분에 자동차가 이동하는 동안 사람들은 다른 활동을 하며 시간을 유용하게 쓸 수 있고, 차체 또한 쉴 수 있는 공간으로 변화한 것이죠. 이처럼 자동차의 비중에서 기계적인 성능보다 컴퓨터의 제어 기능이 중요해지면서 산업의 기준이 바뀐 것이에요.

그렇다면 건축은 어느 방향으로 나아갈까요? 예전엔 집이 주거만을 위한 공간이었다면 앞으로는 건축물이 문화를 창조하고 리드하는 역할을 하게 될 거예요. 인체적인 모듈, 환경에 따라 바뀌는 색채, 조명 그리고 내부 디자인 등 건축이 갖고 있는 인간의 행동과 신체구조에 따른 디자인적 요소는 모든 것에 적용되고 융합되

더 알고 싶어요!

희림종합건축사사무소는 알투코리아부동산투자자문, 한국갤럽조사연구소와 함께 2021년 부동산 키워드를 '사회적 거리두기+IT 거리 좁히기', '만능 하우스', '공간의 유연화'로 선정하고 이에 따른 7대 트렌드를 선정했어요.

1. 내 집(Zip), 나에게 필요한 공간으로 압축하다

2. 오피스(OH! Peace), 직원들을 위한 新공간으로 태어나다

3. 코로나19, 살아남기 위한 체험 전장이 시작되다

4. 코로나19, 첨단 인프라 날개를 펼치다

5. 복합화로 다양화, 新복합 개발의 전성시대를 열다

6. 주거 안성맞춤, 新공간의 활용성을 높이다

7. 프롭테크Prop Tech*, 부동산 산업의 뉴 베이스가 되다

* 프롭테크: 부동산Property과 기술Technology을 결합한 용어로, 정보 기술을 결합한 부동산 서비스 산업을 말해요.

는 시스템으로 발전하게 될 거고요. 지금까지의 건축을 벗어나 새로운 것을 창조하고 여러 분야를 아우르는 융합 학문으로 다시 태어날 거라 생각해요.

당장은 코로나-19로 인한 재택근무 확산과 거리두기로 인해 집이 주거뿐만 아니라 직장과 커뮤니티의 역할을 하게 되겠죠. ICT 기술이 건설 및 부동산 시장에도 접목되면서 업무와 상업, 물류 시설 등 다양한 시설의 변화를 이끌어 나갈 테고요. 또한 현대 도시계획의 근간인 토지 용도의 경계가 완화되면서 주거시설과 상업시설 등으로 엄격히 구분된 공간이 유연화되는 '공간의 유연화' 현상이 올 것이에요.

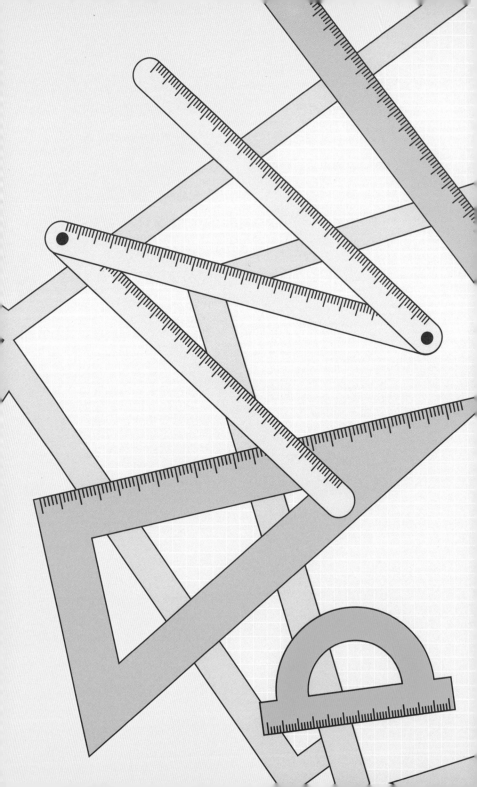

# 건축가가 되는 방법

# 건축가가 되려면 어떤 과정이 필요한가요?

**편** 건축가가 되려면 어떤 과정이 필요한가요?

**김** 건축가가 되기 위해서는 우선 대학에서 건축학을 전공하고 공부해야 해요. 건축 전문가로서 익혀야 할 학문과 지식의 기초가 대학에서 만들어진다고 할 수 있죠. 건축가는 크게 건축사 자격을 취득한 사람과 그렇지 않은 사람으로 나눌 수 있는데요. 건축 디자인만 하겠다고 하는 경우 대학 전공만으로도 건축가가 될 수 있어요. 하지만 건축 디자인도 하고 건축사사무소도 개설해 운영하고 싶다면 건축사 자격을 취득해야 하죠.

**편** 건축사에 대해 구체적으로 알려주세요.

**김** 건축사는 건축사법에 의거, 건축사사무소를 개설하여 건축물의 설계와 공사감리 등의 건축 사업을 수행하는 국가전문자격사예요. 건축사 시험에 응시하기 위해서는 소정의 자격을 갖추어야 하는데요. 우선 KAAB(한국건축학인증원) 인증을 받은 5년제 건축학과 또는 이와 동등한 학위 과정을 이수해야 하죠. 이후 건축사사무소에서 3년 이상 실무 수련을 받아야 시험에 응시할 수 있어요. 외국 건축사 면허를 취득한 사람이라면 5년 이상의 실무 경력이 있어야 응시가 가능하고요. 건축사 자격시험에 합격하여 건축사등록원에 건축사 자격 등록을 마친 사람만이 건축사사무소를 개설할 수 있어요.

건축사가 되기 위해서는 가려는 대학이 KAAB 인증을 받은 곳인지 반드시 확인할 필요가 있어요. 인증을 받지 않은 대학의 건축학과를 졸업할 경우 실무 수련 기간이 1년 더 늘어나거든요. 이제 예비시험이 사라졌기 때문에 현재는 효력이 없다는 것도 알고 있어야 해요. 예전에는 건축사 예비시험에 합격한 뒤 5년 이상 실무 수련을 받으면 건축사 시험에 응시할 수 있었지만 이러한 예비시험이 2019년에 마지막으로 치러지고 2020년부터는 완전히 폐지되었죠.

## 자격시험에 대해 알려주세요.

**편**  자격시험에 대해 알려주세요.

**김**  건축사 자격시험은 필기시험과 실기시험으로 나누어져 있어요. 필기시험의 경우 건축계획, 건축시공, 건축구조, 건축설비, 건축관계법규 이 다섯 가지 과목에서 20문항씩 출제되며 모두 객관식이에요. 100점 만점을 기준으로 과목당 40점 이상, 평균 60점 이상이 되어야 합격이죠. 실기시험의 경우 필답형으로 진행되며 대략 세 시간 동안 치러져요. 역시 100점 만점을 기준으로 60점 이상이 되어야 합격이고요.

**편**  실기시험은 어떤 식으로 진행되나요?

**김**  제가 시험을 봤을 당시에는 우선 시험 시작 전에 건축주가 원하는 땅과 건물의 형태, 건축 면적을 제시해 줬어요. 그럼 그 내용에 맞는 기획을 하고 콘셉트를 잡아 디자인을 하는데요. 평면도부터 입면도, 단면도, 투시도까지 다섯 시간 반 동안 모두 손으로 그려야 했죠. 지금도 기본적인 사항은 변함이 없어요.

**편** 합격률이 굉장히 낮을 거 같은데요?

**김** 예전에는 합격률이 낮은 편이었어요. 제가 시험을 볼 당시만 해도 1년에 변호사를 300~400명씩 뽑았는데 건축사는 200명 정도만 뽑았으니 정원 자체가 적었고요. 그러다 보니 건축사가 굉장히 귀해서 고소득 직종이 되었죠. 제가 90년대 중반에 건축사 자격증을 취득했더니 연봉 6천만 원을 준다고 하더라고요. 그때 건설회사에서 받는 월급이 100만 원이 안 될 때였으니 매우 높은 금액이었죠. 이젠 다시 정원이 늘어서 건축사 자격을 가진 사람들이 너무 많아졌어요. 능력 있는 사람만 생존하는 구조로 바뀐 것이죠. 저희 회사 직원 중에도 건축사가 여럿 있어요. 건축사 자격을 취득했지만 커리어를 쌓기 위해 또는 사무소를 운영할 여건이 되지 않아 직원으로 근무하고 있죠.

최근 합격률을 보면, 2020년 1회 시험에 총 7,068명이 응시했는데 그중 1,306명이 합격해 18.5퍼센트의 합격률을 보였으며, 2020년 2회 시험에는 총 7,009명이 응시해 922명이 합격, 14.2퍼센트의 합격률을 보였어요. 지난 2019년에는 1,090명 합격에 합격률 13.7퍼센트, 2018년에는 752명 합격에 합격률 10.6퍼센트였고요.

편. 건축 관련 자격증에는 건축사 자격 한 가지만 있나요?

김. 디자인 쪽은 건축사 하나고 시공 쪽에는 기술사라는 게 있어요. 기술사에는 여러 종류가 있는데, 건축구조기술사, 건축기계설비기술사, 건축시공기술사 등 전문 분야별로 다양한 자격이 있죠.

**더 알고 싶어요!**

### 건축구조기술사

건축의 계획과 설계에서부터 시공과 관리에 이르는 전 과정에 관한 공학적 지식, 기술, 풍부한 실무 경험을 겸비한 건축구조 실무기술인력을 양성하기 위하여 제정된 자격이에요. 건축구조기술사는 건축구조 분야에 관한 고도의 전문지식을 가지고 풍부한 실무 경험에 입각하여 계획, 연구, 설계, 분석, 시험, 운영, 시공, 평가하는 작업을 행하며, 지도와 감리 등의 기술 업무를 수행하죠.

### 응시 자격

• 기술사 및 기사 자격 취득 후 4년 이상 실무 경력자
• 산업기사 자격 취득 후 5년 이상 실무 경력자
• 기능사 자격 취득 후 7년 이상 실무 경력자
• 동일 종목 외 외국 자격 취득자
• 대학교 졸업 후 6년 이상 실무 경력자

- 3년제 전문대학 졸업 후 7년 이상 실무 경력자
- 2년제 전문대학 졸업 후 8년 이상 실무 경력자
- 기사 또는 산업기사 수준의 훈련 과정 이수 후 6년 이상 실무 경력자
- 9년 이상 실무 경력자

**검정 방법**
- 필기시험(400분)
- 구술형 면접시험(30분)

**합격 기준**
- 100점을 만점으로 하여 60점 이상

**필기시험 면제**
- 필기시험에 합격한 자는 필기시험 합격자 발표일로부터 2년간 필기시험 면제

**건축기계설비기술사**
실내외의 환경이 인간과 기타 물체에 적합해지도록 위생설비, 냉난방설비, 환기설비, 공기조화설비, 방재설비, 기타설비의 계획 및 설계에서 시공, 관리에 이르는 전 과정에 관한 공학적 지식과 기술, 풍부한 실무 경험을 갖춘 전문인력을 양성하고자 제정된 자격이에요. 건축기계설비기술사는 건축설비 분야에 관한 고도의 전문지식과 실무 경험에 입각해 계획, 연구, 설계, 분석, 시험, 운영, 시공, 평가 또는 이에 관한 지도, 감리 등의 기술 업무를 수행하죠.

**응시 자격**
- 기사 자격 취득 후 4년 이상 실무 경력자
- 산업기사 자격 취득 후 5년 이상 실무 경력자
- 기능사 자격 취득 후 7년 이상 실무 경력자
- 대학교 졸업 후 6년 이상 실무 경력자
- 유사 직무 분야 다른 종목 기술사 자격을 취득한 자
- 3년제 전문대학 졸업 후 7년 이상 실무 경력자
- 2년제 전문대학 졸업 후 8년 이상 실무 경력자
- 기사 수준의 기술 훈련 과정 이수 후 6년 이상 실무 경력자
- 산업기사 수준의 기술 훈련 과정 이수 후 8년 이상 실무 경력자
- 9년 이상 실무 경력자
- 외국에서 동일한 종목에 해당하는 자격을 취득한 자

**검정 방법**
- 단답형 및 주관식 논술형 필기시험(매 교시당 100분, 총 400분)
- 구술형 면접시험(약 30분)

**합격 기준**
- 필기와 면접 모두 100점을 만점으로 하여 60점 이상

**필기시험 면제**
- 필기시험에 합격한 자는 필기시험 합격자 발표일로부터 2년간 필기
  시험 면제

## 건축시공기술사

건축의 계획설계 단계부터 시공 및 관리에 이르는 전 과정을 담당하는 전문기술인력 양성을 목적으로 제정된 자격이에요. 건축시공기술사는 건축에 관한 계획, 연구, 설계, 분석, 시험, 운영, 시공, 평가와 이와 관련된 지도 및 감리 등의 기술 업무를 담당하죠.

### 응시 자격
• 기술사, 기사 자격 취득 후 4년 이상 실무 경력자
• 산업기사 자격 취득 후 5년 이상 실무 경력자
• 기능사 자격 취득 후 7년 이상 실무 경력자
• 동일 종목 외 외국 자격 취득자
• 대학교 졸업 후 6년 이상 실무 경력자
• 3년제 전문대학 졸업 후 7년 이상 실무 경력자
• 2년제 전문대학 졸업 후 8년 이상 실무 경력자
• 기사 수준의 훈련 과정 이수 후 6년 이상 실무 경력자
• 산업기사 수준의 훈련 과정 이수 후 8년 이상 실무 경력자
• 동일 또는 유사 분야에서 9년 이상 실무 경력자

### 검정 방법
• 단답형 및 주관식 논술형 필기시험(매 교시당 100분, 총 400분)
• 구술형 면접시험(약 30분)

### 합격 기준
• 60점 이상 득점

### 건축품질시험기술사

부실공사나 건설재해를 예방하고 공사의 품질 확보를 위해 건축의 전 과정에 관한 공학적 지식 및 기술과 실무 경험을 겸비한 전문기술인력 양성을 위해 제정된 자격이에요. 건축품질시험기술사는 건축품질시험에 관한 계획, 연구, 설계, 분석, 시험, 운영, 시공, 평가, 지도 및 감리 등의 기술 업무를 하죠.

### 응시 자격

- 기사 자격 취득 후 4년 이상 경력자
- 산업기사 자격 취득 후 5년 이상 경력자
- 기능사 자격 취득 후 7년 이상 경력자
- 대학교 관련 학과 졸업 후 6년 이상 경력자
- 3년제 전문대학 관련 학과 졸업 후 7년 이상 경력자
- 2년제 전문대학 관련 학과 졸업 후 8년 이상 경력자
- 기사 수준의 훈련 과정 이수 후 6년 이상 경력자
- 산업기사 수준의 훈련 과정 이수 후 8년 이상 경력자
- 대학교 비관련 학과 졸업 후 9년 이상 경력자
- 3년제 전문대학 비관련 학과 졸업 후 9.5년 이상 경력자
- 2년제 전문대학 비관련 학과 졸업 후 10년 이상 경력자
- 9년 이상 경력자

### 검정 방법

- 단답형 및 주관식 논술형 필기시험(매 교시당 100분, 총 400분)
- 구술형 면접(약 30분)

### 합격 기준

- 100점 만점을 기준으로 60점 이상

## 건축가가 되기 위해
## 청소년기부터 준비할 수 있는 것은 무엇일까요?

**편** 건축가가 되기 위해 청소년기부터 준비할 수 있는 것은 무엇일까요?

**김** 건축 디자인을 잘하려면 스케치 능력도 중요해요. 우선 스케치의 기본인 선과 도형 그리기를 해 보는 건 어떨까요. 처음과 끝이 명확히 표현되는 하나의 선을 여러 번 그려보고, 그 뒤엔 정육면체를 비롯한 다양한 형태의 도형과 입체도형을 그려보는 거예요. 타일이나 나무, 유리, 대리석 등 여러 가지 재질을 표현해 보는 것도 좋겠고요. 그런 식으로 자를 사용하지 않고 스케치 연습을 하면서 감각을 익혀보세요. 거기에서 더 나아간다면 내가 살고 싶은 집의 평면도와 입면도를 그려보는 것도 도움이 될 것 같네요.

**편** 건축가가 되기 위해 준비하는 과정에서 가졌던 마음가짐이나 특별했던 자신만의 방법이 있나요?

**김** 건축을 전공할 당시 교수님께서 공간을 학문적으로 해석하고 미래 문화를 예측할 수 있는 많은 책들을 추천해 주셨어요. 건축은 보이는 것이 전부가 아닌데, 보이지 않는 곳까지 헤아릴 수 있는 능력을 키울 기회를 주신 거죠. 건축을 이해하려면 마음에 드는 작품을 그대로 그려 보면서 공간을 이해하고 건축가의 의도를 파악해 보는 연습이 중요한데요. 이를 통해 훌륭한 작품이란 어떤 것인지 판단하는 능력도 기르려고 노력했죠.

## 경쟁력을 갖추려면
## 어떤 준비를 하는 게 좋을까요?

**편** 경쟁력을 갖추려면 어떤 준비를 하는 게 좋을까요?

**김** 제 아들이 지금 첼로를 전공하고 있는데 일곱 살에 처음 시작해서 지금에 이르렀어요. 어떤 재능이 발현되고 계속해서 성장하는 과정에는 분명 단계가 존재하죠. 음악이나 미술뿐만 아니라 건축 분야 역시 어려서부터 예술적 감성을 일깨워주고 체계적으로 가르친다면 지금보다 더 경쟁력 있는 건축가들을 배출할 수 있을 거라 생각해요. 디자인에 흥미를 느끼거나 소질이 있다고 생각하면 학습 등을 통해 일찍부터 그런 과정을 밟을 수 있겠죠.

이미 전공을 정한 대학생이라면 다양한 공모전에 참여해 보는 것도 도움이 될 거예요. 입상을 하지 않더라도 준비하는 과정에서 겪었던 모든 일들이 좋은 경험으로 남게 되거든요. 포트폴리오를 구성하는 데에도 도움이 되고요. 나만의 포트폴리오를 만들어 두면 회사나 대학교, 외국의 대학교나 대학원에 지원할 때 내가 어떤 사람이란 걸 보여주는 훌륭한 자료가 되죠.

## 유리한 전공이 있나요?

🔲 유리한 전공이 있나요?

🔲 건축학을 전공한 사람만이 건축사 자격시험에 응시가 가능하기 때문에 건축사사무소를 운영할 계획이라면 관련 학과를 졸업해야 해요. 건축사 자격증을 취득하지 않겠다고 하더라도 건축학을 공부하는 게 당연히 유리하겠고요.

2002년에 서울대와 한양대, 홍익대를 필두로 건축학 5년제가 도입되었어요. UIA*는 전 세계 100여 개국, 130만 건축인을 대표하며 UN에서 인정받는 세계 유일의 국제건축가협회인데요. 최소 5년 간 인증된 건축교육과정을 이수하고 2년 이상의 수련 과정을 거쳐야 한다는 UIA의 건축사 자격 상호인정(MRA)을 위한 국제기준안에 따른 결과죠. 이에 기존의 건축학과를 건축학과 건축공학 두 전공으로 분류하고 건축학과의 교육과정을 5년으로 늘렸어요. 건축공학과는 공대 쪽으로 이전되었고, 건축대학이 별도로 설립되어 건축설계 분야를 가르치게 되었죠. 커리큘럼이 일부 중복되는 부분이 있지만 건축사 자격을 취득하기 위해선 5년제 건축학과를 졸업해야 해요.

---

* UIA: Union International of Architects, 국제건축가협회

**편** 관련 대학은 어디이고, 관련 대학에 입학하려면 어떤 준비를 해야 할까요?

**김** 서울대학교, 카이스트, 고려대학교, 연세대학교, 한양대학교, 성균관대학교, 이화여자대학교, 중앙대학교, 경희대학교, 서울시립대학교 등 전국의 여러 대학에 건축 관련 학과가 있어요. 대부분의 학교에서 수능 또는 서류 및 면접으로 학생을 선발하고 있는데요. 각 대학마다 입시 전형이 조금씩 다르니 원하는 대학의 홈페이지에 들어가 모집요강을 확인해 보고 준비하는 것이 좋겠네요.

**편** 경쟁률은 어느 정도인가요?

**김** 2021년도 정시 일반 전형의 경쟁률을 보면 서울대학교 건축학과가 2.93대 1, 고려대학교 건축학과가 4.69대 1, 고려대학교 건축사회환경공학부가 5.76대 1, 연세대학교 실내건축학과가 2.83대 1, 연세대학교 건축공학과가 3.08대 1, 한양대학교 건축학부가 5대 1, 한양대학교 건축공학부가 4.31대 1이네요. 표준 점수는 순서대로 395점, 388점, 387점, 385점, 385점, 383점, 382점이고요.

| 대학명 | 학과명 | 표준 점수 | 일반전형 경쟁률 |
|---|---|---|---|
| 서울대학교 | 건축학과 | 395 | 2.93 |
| 고려대학교 | 건축학과 | 388 | 4.69 |
| 고려대학교 | 건축사회환경공학부 | 387 | 5.76 |
| 연세대학교 | 건축공학과 | 385 | 3.08 |
| 연세대학교 | 실내건축학과 | 385 | 2.83 |
| 한양대학교 | 건축학부 | 383 | 5.00 |
| 한양대학교 | 건축공학부 | 382 | 4.31 |
| 중앙대학교 | 건축학부 | 381 | 4.24 |
| 홍익대학교 | 건축학부 건축학전공 | 381 | 7.95 |
| 홍익대학교 | 건축학부 실내건축학전공 | 381 | 8.75 |
| 서울시립대학교 | 건축학부 건축학전공 | 378 | 4.35 |
| 서울시립대학교 | 건축학부 건축공학전공 | 376 | 5.00 |
| 건국대학교 | 건축학부 | 374 | 12.30 |
| 경희대학교(국제) | 건축공학과 | 374 | 4.43 |
| 국민대학교 | 건축학부 | 374 | 7.18 |
| 경희대학교(국제) | 건축학과 | 372 | 4.62 |
| 동국대학교 | 건축공학부 | 371 | 5.00 |
| 단국대학교(죽전) | 건축학부 건축학전공 | 370 | 4.59 |
| 숭실대학교 | 건축학부 건축공학전공 | 369 | 7.75 |
| 인하대학교 | 건축학부 | 369 | 6.00 |
| 아주대학교 | 건축학과 | 368 | 4.10 |
| 가천대학교(글로벌) | 건축학부 | 367 | 5.52 |
| 서울과학기술대학교 | 건축학부 건축학전공 | 367 | 4.38 |

| 대학명 | 학과명 | 표준점수 | 일반전형경쟁률 |
|---|---|---|---|
| 숭실대학교 | 건축학부 실내건축전공 | 367 | 9.67 |
| 한양대학교(에리카) | 건축학부 | 366 | 4.57 |
| 경북대학교(대구) | 건축학부 건축학전공 | 365 | 3.19 |
| 서울과학기술대학교 | 건축학부 건축공학전공 | 364 | 3.92 |
| 광운대학교 | 건축공학과 | 363 | 7.36 |
| 명지대학교(용인) | 건축학부 건축학전공 | 363 | 4.47 |
| 경북대학교(대구) | 건축학부 건축공학전공 | 362 | 2.94 |
| 단국대학교(죽전) | 건축학부 건축공학전공 | 361 | 5.71 |
| 세종대학교 | 건축공학부 | 359 | 2.78 |
| 전남대학교(광주) | 건축공학부 | 359 | 2.50 |
| 한국기술교육대학교 | 디자인건축공학부 건축공학전공 | 359 | 2.06 |
| 한국기술교육대학교 | 디자인건축공학부 디자인공학전공 | 356 | 1.92 |
| 삼육대학교 | 건축학과 | 353 | 5.00 |
| 부경대학교 | 건축학과 | 352 | 3.15 |
| 충남대학교 | 건축학과 | 351 | 5.89 |
| 경기대학교(수원) | 건축공학과 | 347 | 4.88 |
| 경기대학교(수원) | 건축학과 | 347 | 4.88 |
| 영남대학교 | 건축학부 | 345 | 3.10 |
| 인천대학교 | 도시건축학부 | 345 | 4.65 |
| 부경대학교 | 건축공학과 | 344 | 2.56 |
| 충남대학교 | 건축공학과 | 344 | 3.50 |
| 충북대학교 | 건축학과 | 344 | 4.07 |

## 건축학과에서는 어떤 교육이 이뤄지나요?
## 교육과정이나 수업방식이 궁금해요.

편 건축학과에서는 어떤 교육이 이뤄지나요? 교육과정이나 수업
방식이 궁금해요.

김 저희가 배웠던 방식과 현재의 교육 시스템은 근본적으로 달라
요. 현재는 디자인과 공학을 구분해서 학습을 실행하고 있으며, 각
특정 분야에 전문화되어 있어서 사회 진출 시 현업에 적응하기가
훨씬 쉽죠.

편 건축학과에서 인테리어 교육도 하나요?

김 한 과목 정도 인테리어의 기본 이론을 가르치기도 하지만 요
즘에는 전공이 세분화되어 있어서 전문적인 인테리어 교육은 실내
디자인학과에서 하고 있어요. 관련 학과가 실내디자인학과, 공간
디자인학과, 의료환경학과, 의료건축학과, 의료공간디자인학과 등
으로 매우 세분화되어 있죠.

편 의료건축학은 뭔가요?

김 병원이나 의료복지시설을 어떻게 설계하고 구성해야 환자의

치료에 도움이 되는지 연구하는 학문이에요. 단순히 의료 행위만을 제공해 주는 병원을 넘어서 치료에 적합한 색과 음향, 빛 등을 이용해 환자에게 최적의 환경을 제공하는 의료시설을 설계하기 위해 만들어졌죠. 여러 대학에 의료건축 관련 학과가 개설되어 있는데요. 의료시설의 설계와 시공, 시설관리와 같은 커리큘럼을 통해 인간 중심, 치유 중심의 의료 환경을 디자인하는 인재를 양성하고 있죠. 우리 사회가 고령화 사회로 진입하고 의료복지산업이 증가함에 따라 의료건축에 대한 중요성은 더욱 커질 거라 생각해요.

**편** 대학에서의 실무 경험이 실제 취업 후 많은 도움이 되나요?

**김** 대학에서 하는 실무란 교수들의 작품 활동 중 도움을 주거나, 커리큘럼에 있는 현장 실습에 참여하는 것인데요. 방학 기간을 이용해 설계사사무소에 직접 출근하여 직원들과 함께 일하다 보면 실제 업무 흐름은 물론 회사의 분위기도 파악할 수 있는 기회가 되겠죠.

서울대학교 건축학과 교육과정

건축과 컴퓨터, 건축구조시스템, 건축사1, 건축사2, 건축시공, 건축재료역학1, 건축환경시스템, 기초스튜디오1, 기초스튜디오2, 기초스튜디오3, 기초스튜디오4

카이스트 건설 및 환경공학과 교육과정

재료역학, 토질역학 및 실험, 교통시스템공학개론, 환경과학 및 공학

고려대학교 건축학과 교육과정

건축과 행태, 건축구조역학, 건축마케팅, 건축법 및 제도, 건축설계Ⅰ, 건축설계Ⅱ, 건축설계Ⅲ, 건축설계Ⅳ, 건축설계Ⅴ, 건축설계Ⅵ, 건축설계Ⅶ, 건축설계Ⅷ, 건축설계실무, 건축설비시스템, 건축시공학, 건축시설계획, 건축의장, 건축재료학, 건축프로그래밍, 건축학개론, 건축환경계획, 공학현장실습Ⅰ, 공학현장실습Ⅱ, 구조디자인, 구조의 이해, 근대건축사, 기초설계Ⅰ, 기초설계Ⅱ, 단지계획, 도시개발, 도시계획 및 설계, 동양건축사, 디지털스튜디오Ⅰ. 디지털스튜디오Ⅱ, 빌딩시스템, 생태건축, 서양건축사, 인테리어계획론, 조경설계, 한국건축사, 해외도시건축설계Ⅰ, 해외도시건축설계Ⅱ, 현대건축사

연세대학교 실내건축학과 교육과정

GIS공간기획, 가구디자인스튜디오, 건축과 법, 건축음향환경, 건축조명환경, 공간디자인과 문화, 공간마케팅, 공간보기공간풀기, 공간조형,

공간환경심리학, 기초설계제도, 드로잉과 표현기법, 디스플레이와 코디네이션, 디자인경영, 디지털디자인스튜디오, 디지털패브리케이션, 미래공간기획론, 미래주택융합기술이론과 현장실습, 생활시스템과 주거, 시설경영과 디자인, 실내건축구조 및 재료, 실내건축디자인양식, 실내건축디자인이론, 실내건축스튜디오1, 실내건축스튜디오2, 실내 건축스튜디오3, 실내건축스튜디오4, 실내건축시공, 실내환경론, 실내환경제어시스템, 인간공학과 디자인, 인턴실습, 조명디자인스튜디오, 졸업스튜디오, 주거공간계획론, 친환경실내건축, 포트폴리오구성, 한국전통공간과 건축, 한국주거의 이해, 현대건축, 현대실내건축, 환경디자인스튜디오, 환경색채학

## 한양대학교 건축학부 교육과정

건설경영, 건축CAD, 건축계획, 건축공간행태론, 건축구법1, 건축구조계획, 건축구조시스템, 건축구조역학1, 건축기획, 건축론, 건축방재론, 건축상세미학, 건축설계론, 건축설계스튜디오1, 건축설계스튜디오2, 건축설계스튜디오3, 건축설계스튜디오4, 건축설계스튜디오5, 건축설계스튜디오6, 건축설계스튜디오7, 건축설계스튜디오8, 건축설비개론, 건축시공계획, 건축실무, 건축연구1, 건축연구2, 건축재료, 건축환경공학, 근대작품분석, 단지계획, 도시사, 동양건축사, 디지털디자인스튜디오, 서양건축사, 실내디자인, 전공현장실습1, 전공현장실습2, 조경학, 주거론, 컴퓨터그래픽스, 한국건축사, 현대건축사, 현대도시론, 환경과 생태건축

## 외국어를 잘해야 하나요?

편 외국어를 잘해야 하나요?

김 외국어를 잘하는 것은 중요해요. 언어 속에는 그 나라의 문화가 스며들어 있기 때문에 해당 국가에 대해 이해하는 데 큰 도움이 되거든요. 예전과 달리 해외에서의 활동도 많아졌죠. 20년 전만 하더라도 국내 업무가 대다수였지만 이제는 국내에서 발주하는 설계 경기도 국제현상이 많아졌고요. 능숙한 외국어는 외국인들과 소통을 하는 데에도 그들의 문화를 이해하는 데에도 이점이 될 거라 생각해요.

## 유학이 필요한가요?

**편** 유학이 필요한가요?

**김** 개인적으로는 유학이 반드시 필요하다고 생각하진 않아요. 하지만 기회가 된다면 유학을 통해 다양한 경험을 해 보는 것도 좋겠죠.

**편** 건축을 공부하기 위해 보통 어느 나라로 유학을 가나요?

**김** 초창기에는 미국이나 일본으로 유학을 가는 사람이 많았어요. 그 이후엔 미국보다 생활비가 저렴한 곳을 찾아 프랑스나 독일로 가는 분들이 많아졌죠. 간혹 이탈리아에서 건축을 공부하는 사람도 있고요. 영국으로 가는 사람들도 있는데, 그런 분들은 주로 런던에 있는 AA스쿨에서 공부해요. 하지만 런던의 생활비 역시 너무 비싸서 영국으로 유학을 떠나는 사람이 그렇게 많진 않다고 해요.

# 어떤 자질을 갖추어야 하나요?

📖 어떤 자질을 갖추어야 하나요?

🔲 건축에서는 소통이 매우 중요해요. 다른 사람의 의견과 생각을 디자인에 반영해야 하는 직무의 특성상 경청은 반드시 필요한 자질이죠. 잘 듣고 의논을 거듭해 필요한 사항들을 모두 합의했다고 해도 의뢰인은 합의한 내용과는 전혀 다른 요청을 하기도 해요. 그럴 때에도 가능한 그들의 의견을 자세히 듣고 가능한 것과 불가능한 것을 설명하는 능력도 필요하고요.

다음으로 인문학적 소양이 있었으면 좋겠어요. 건축은 History+Story라고 생각하거든요. 이 말은 역사성과 더불어 이야기가 담긴 건축이라야 사람들에게 감동을 준다는 뜻이에요. 건축학뿐만 아니라 인간과 관련된 근원적인 문제나 사상, 문화를 공부하며 이를 통해 공간마다 이야기를 부여한다면 이용자들이 건축을 체험하며 감동을 느낄 수 있겠죠. 물론 스케치를 통해서 표현하는 능력은 기본이 되겠고요.

건축은 History+Story라고 생각해요.
역사성과 더불어 이야기가 담긴 건축이라야 사람들에게 감동을 준다는 뜻이에요.

## 어떤 성격을 가진 사람들이 적합한가요?

**편** 어떤 성격을 가진 사람들이 적합한가요?

**김** 건축가는 인테리어디자이너, 토목기술자, 설비기술자 등 다양한 전문가들과 함께 일해요. 종합적인 관점을 가지고 여러 분야의 사람들과 협력할 수 있는 사람, 때론 그들을 리드할 수 있는 사람이 이 일에 적합할 것 같아요. 이분들 외에도 의뢰인인 공무원이나 건축주와도 긴밀하게 일해야 하는 만큼 그들과 순조로운 관계를 이어나갈 수 있는 사람이어야 하겠고요.

## 건축가로 성공하기 위한 팁이 있다면 알려주세요.

**편** 건축가로 성공하기 위한 팁이 있다면 알려주세요.

**김** 성공의 기준이 정확히 무엇인진 모르겠지만 다양한 경험은 많은 부분에 유리하게 작용한다고 생각해요. 건축 역시 예외는 아닌데요. 건축가는 혼자 일하지 않잖아요. 여러 분야의 전문가들과 협업하는 것은 필수이고 의뢰인과의 교류도 반드시 필요하죠. 여행이나 독서 등 인간을 이해할 수 있는 직간접 경험들은 사람들과의 원활한 관계에 도움이 될 거라 생각해요. 아름다움을 지니면서도 사용하기 편리한 건축물을 만드는 데에도 경험은 훌륭한 자산이 될 거고요.

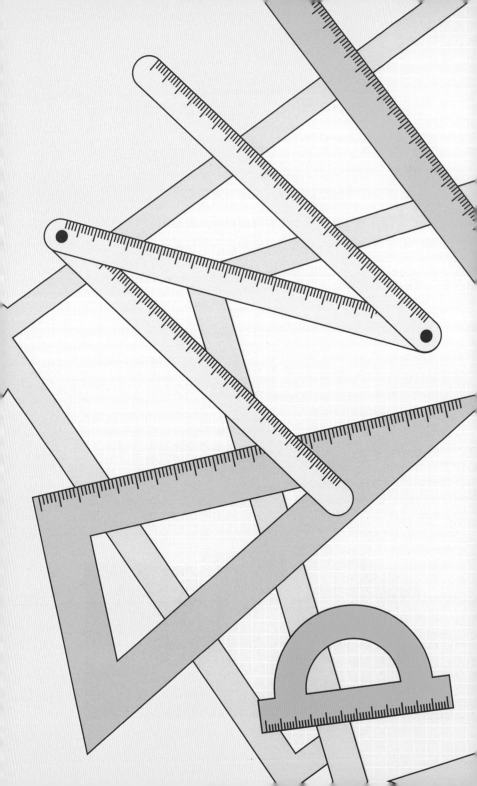

# 건축가가
# 되면

## 연봉은 어느 정도인가요?

🔲 연봉은 어느 정도인가요?

🔲 개인의 경력 또는 근무하는 곳의 규모나 경영상태 등에 따라 다르겠지만 2019년에 조사한 건축가의 평균 연봉을 보면, 하위 25퍼센트는 3,874만 원, 중위는 4,749만 원, 상위 25퍼센트는 5,551만 원이라고 하네요. 만약 대기업 건설사에 입사한다면 보통 10~15년 차 중견 직원이 됐을 때 평균 7~8천 정도의 연봉을 받아요. 20년 정도 근무하게 되면 부장급이 되는데 그땐 억대 연봉을 받게 되고요.

저희 회사의 경우 입사 초기엔 대기업 건설사에 취직해 받는 연봉보다는 적지만 중견기업의 연봉과는 비슷한 수준이에요. 건축사 자격을 갖고 있으면서 본부장급 또는 그에 준하는 책임자가 되면 연봉 1억 원 이상에 차와 법인카드가 제공되죠. 카드의 경우 동료 직원들과 저녁을 먹거나 외부 관계자들과 식사를 할 경우 사용하라고 주는 것이에요. 거기에 더해 성과에 따라 인센티브를 지급하는데, 많이 줄 때는 1년에 5천만 원 정도 주고 있죠. 회사에 이익이 나면 그중 일부는 직원들에게 되돌려준다는 원칙으로 회사를 운영하고 있거든요. 구체적으로 얘기하면 일명 333이라고 해서 이익금이 100원이라면 그중 30원을 직원들에게 나눠주는 거죠. 나머지 중 30퍼센트는 주주들 몫이고, 30퍼센트는 회사의 성장을 위한 투자비로 사용하고, 10퍼센트는 만일의 사태에 대비한 비상금 또는 기부금 용도로 두고요. 이런 식으로 저만의 기준을 만들어 놓고 급여를 지급하고 있어요.

📖 초임자의 연봉은 보통 얼마인가요?

📖 대학을 졸업한 신입사원이라면 중견기업의 경우 3~4천만 원 정도, 대기업의 경우 4천만 원 정도를 주는 것으로 알고 있어요. 저희 회사는 기본급 3~4천만 원에 성과에 따른 인센티브를 지급하고 있죠. 다소 적은 금액이라고 느낄 수도 있겠지만 경력이 올라감에 따라 연봉도 금방 올라서 3, 4년 차가 되면 4천만 원 정도가 돼요. 거기에 인센티브로 1년에 연봉의 10~20퍼센트를 받을 수 있기 때문에 적은 금액은 아니라고 생각해요.

📖 연봉 체계를 알려주세요.

📖 기본급에 인센티브를 받는 구조인데, 기본급은 연차에 따라 자동 인상되며 인센티브는 성과에 따라 주어져요. 매년 연봉 협상이 이루어지기 때문에 해마다 필요한 만큼 요구하고 협상하는 것이 가능하죠.

## 직급 체계는 어떻게 되나요?

**편** 직급 체계는 어떻게 되나요?

**김** 대한민국 사회에서는 많은 회사들이 사원부터 시작해 대리, 차장, 과장, 부장 순으로 직급이 올라가잖아요. 그러한 구조에 맞춰 저희 회사 역시 유사한 직급 체계로 운영되고 있죠. 그렇다 보니 사실 직급은 그렇게 중요하지 않아요. 같은 부장이라고 해도 성과에 따라 연봉에 차이가 분명히 존재하거든요. 중요한 것은 직무 능력과 성과라 연차에 따라 올라가는 직급에 큰 의미는 없죠.

## 근무 시간은 어떻게 되나요?

**편** 근무 시간은 어떻게 되나요?

**김** 보통의 회사와 마찬가지로 9시에 출근해서 6시에 퇴근하고 있어요. 점심시간 한 시간을 제외하면 하루 여덟 시간을 근무하는 것이죠. 가끔 일이 많을 경우 근로기준법을 준수하는 선에서 야근을 하기도 하고요.

**편** 휴일에도 일하나요?

**김** 휴일에도 출근해야 할 불가피한 이유가 있다면 나와서 근무를 하지만 그런 일이 흔하진 않아요. 휴일 근무를 하게 되면 그만큼의 휴가를 별도로 부여하고요.

## 근무 여건은 어떤가요?

편 근무 여건은 어떤가요?

김 근무 여건은 나쁘지 않은 편이라고 생각해요. 같은 전공자들이 함께 모여 일하기 때문에 서로의 업무를 이해하는 정도도 높아서 직원들 간의 분위기도 좋고요.

편 복지 여건은 어떤가요?

김 회사의 경영 상태나 대표의 경영이념 등에 따라 다르겠지요. 저희 회사의 경우 야근을 하게 되면 당연히 야근수당을 지급하고, 11시 이후에 퇴근하는 날은 안전하고 편안하게 귀가할 수 있도록 택시비를 지원해 주고 있어요. 대체휴일제도도 있어서 부득이하게 주말에 나와 일할 경우 평일에 하루를 쉬게 해 주고요. 직원들의 기념일도 챙겨주고 있고, 1년에 두 번 정도는 단체 야외 활동을 하는데요. 연말에는 제주도로 가서 신입사원 환영회를 겸해 연말 분위기를 즐기기도 하죠.

저희 회사에서는 매년 우수사원을 선발하고 있으며, 뽑힌 직원들에게는 해외여행의 기회를 제공해요. 해당 직원들끼리 가고 싶은 나라를 협의해서 여행을 다녀오고 있죠. 그리고 매달 마지막

주 목요일에는 공연을 보고 함께 식사를 하는 문화의 날을 운영하고 있어요. 요즘엔 코로나-19로 인해 운영할 수 없어 팀별로 소모임을 가질 수 있도록 경비를 지급해 주고 있죠.

## 노동 강도는 어느 정도인가요?

**편** 노동 강도는 어느 정도인가요?

**김** 예전엔 노동 강도가 굉장히 셌어요. 현장에서 근무하는 직원들의 경우 근무 시간도 길고, 일도 매우 힘들었죠. 저희 회사는 출품 또는 납품기일 전을 제외하고는 노동 강도가 그리 센 편은 아니에요. 9시에 출근해서 6시에 퇴근하여 여덟 시간이라는 법정근로시간 안에서 근무하고 있으며, 휴일에 나와 일할 경우 대체 휴일을 주기 때문에 강도는 적당하다고 볼 수 있죠.

다만 평상시에는 느긋하게 일을 하다 납품을 2주 정도 남겨놓은 시점이 되면 그때부터는 많이 바빠져요. 반면 여유가 있는 기간이라면 출근 시간에 그리 엄격한 편은 아니죠. 그러다 보니 바쁘지 않은 시기에는 다소 늦게 출근을 하는 직원들도 몇몇 있는데요. 그런 친구들을 채찍질하기보다는 늦지 않은 친구들에게 당근을 주는 전략을 사용하고 있죠. 공개적인 자리에서 커피와 케이크 쿠폰을 지급하는 등의 방법으로요.

# 정년은 언제까지인가요?

**편** 정년은 언제까지인가요?

**김** 건축가에게 정년은 따로 없어요. 건축을 하면서 가장 좋다고 느낀 것 중 하나는 이 분야가 경험 산업이라는 점이었죠. IT나 반도체 같은 경우 어느 정도 시간이 지나면 트렌드를 따라가지 못해 뒤처지기도 하잖아요. 건축의 경우 일을 할수록 경험이 쌓이는데, 이 경험이 계속해서 새로운 동력으로 작용하죠. 건축 역시 트렌드를 따라가지만 그 흐름이 IT나 반도체 분야들처럼 빠르게 변화하는 것이 아니기 때문에 공부만 게을리하지 않는다면 시류를 읽는 것이 어렵지 않고요. 그렇기 때문에 나이가 들어서도 현역으로 활동하는 분들이 매우 많아요. 세계적인 건축가들 역시 노년에도 활발하게 일하는 사람이 많잖아요. 설계는 그렇다고 해도 현장 근무는 힘들지 않을까 하는 질문을 가끔 받는데, 그동안 축적해둔 노하우를 발휘해 감리도 어렵지 않게 해 내더라고요.

# 직업병이 있나요?

**편** 직업병이 있나요?

**김** 설계를 하다 보면 앉아있는 시간이 길어지죠. 앉아서 처리해야 할 다른 업무도 많고요. 그러다 보니 기본적으로 운동량이 부족해지고, 좋지 않은 자세로 오랫동안 일할 경우 근육이나 관절에 무리가 가기도 해요. 이건 사무실에서 근무하는 모든 직업인들에게도 해당되는 얘기죠. 두 번째는 창조적인 일을 하다 보면 아무래도 더 민감해진다는 거예요. 이제 대표가 되어 현장에서 근무하는 사람들과도 일하고, 사무실에서 디자인을 하는 직원들과도 일을 하는데요. 후자의 경우 상대적으로 감성적이거나 예민한 사람들이 많아서 대할 때 좀 더 조심스러워지는 경향이 있죠.

길을 걷다 보면 절로 건물들에 눈이 가는데, 유난히 잘 지어진 건축물을 만나게 되면 유심히 관찰하게 되고, 들어가 내부를 살펴보는 일도 종종 있어요. 건물 안에는 많은 사람들이 지나다니지만 자신이 사용하는 건물을 누가 설계하고 시공했는지 그런 것엔 전혀 관심이 없죠. 저 같은 사람만이 어떤 생각으로 저런 디자인을 했을까, 어떤 방식으로 시공을 해야 저런 형태가 가능할까 고민하는데요. 일반인들과 달리 건물을 볼 때마다 그런 생각을 한다는 것도 직업병이라면 직업병이겠네요. 정도의 차이는 있겠지만 어느 직업이나 직업병이란 게 존재하죠. 그럼 오히려 그 직업병을 만족스러운 성취의 발판으로 만드는 것은 어떨까 생각해요. 남들보다 민감한 성격을 이용해 좀 더 세심하게 설계를 하고, 다른 건축물을 유심히 관찰하며 늘 새로운 것을 찾아 안테나를 세우는 것이죠.

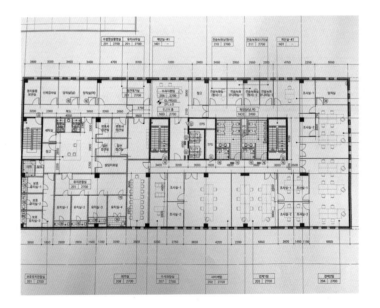

## 건축가가 되었을 때
## 가장 걱정됐던 점은 무엇인가요?

[편] 건축가가 되었을 때 가장 걱정됐던 점은 무엇인가요?

[김] 건축 잡지를 볼 때마다 멋진 디자인의 건축물이 참 많다는 생각을 하곤 했어요. 재능 있는 여러 건축가들의 작품들을 보면서 나도 잘할 수 있을까 하는 생각을 많이 했죠. 내가 많이 부족하다는 느낌을 받기도 했지만 그래도 하다 보니 여기까지 왔네요.

하나의 건축물을 완공하고 나면 잘못된 부분만 보이는 경우가 있어요. 사실 일반인은 잘 모르지만 전문가의 눈에는 다 보이거든요. 뿌듯함을 주는 프로젝트로 있지만 잘못된 부분만 크게 보이거나 아쉬운 점만 생각나는 작업이 있게 마련이죠. 그런 일이 있을 때마다 다음번에는 같은 일을 반복하지 않으려고 했고, 계속해서 변화하는 트렌드를 공부하며 30년을 일했어요. 이제 예전처럼 내가 잘할 수 있을지 걱정하진 않지만 그래도 여전히 부족하다고 느끼는 건 예나 지금이나 같아요. 그런 만큼 늘 새로운 시공 방법이나 자재들을 연구하며 시대의 흐름에 부합하는 아름다운 공간을 창조해 내기 위해 노력하고 있죠.

## 건축가로서 가장 기억에 남는 순간은 언제였나요?

**편** 건축가로서 가장 기억에 남는 순간은 언제였나요?

**김** 무엇보다 건축사 자격을 취득한 날이 가장 기억에 남아요. 건설회사에 다니면서 자격시험 준비를 하다 보니 시간도 오래 걸렸고 굉장히 힘들었는데요. 고생했던 만큼 그 과정을 모두 이겨내고 건축사 자격을 손에 넣게 되어 굉장히 뿌듯했죠.

2018년 동계올림픽 개최지로 평창이 선정된 순간도 잊을 수가 없죠. 제가 참여한 평창 알펜시아리조트 프로젝트가 주 개최 장소가 되어 전 세계로 중계되고 많은 외국인 관계자들이 그곳에서 움직이는 걸 볼 때마다 감동이 밀려왔어요. 사실 후보가 된 이후 처음 두 번은 탈락했다가 세 번째에 선정된 것이었어요. 동계올림픽을 염두에 두고 설계된 만큼 사장되지 않고, 실제로 선수들이 뛸 수 있는 공간이 된 것이 무엇보다 감격스러웠죠. 자랑스럽기도 했고요.

**편** 평창 알펜시아리조트처럼 큰 프로젝트가 아니더라도 자신이 설계한 건물이 완성되면 뿌듯할 것 같은데요. 건축물이 완공되고 나면 사진 등을 이용해 기록으로 남기나요?

김 제가 사무소를 인수해서 운영한지 7~8년 정도가 되었는데, 1년에 보통 10~15개의 프로젝트를 진행하니까 지금까지 작업한 게 총 70~80개는 될 거예요. 너무 많다 보니 일일이 사진을 찍을 순 없고 일부 건축물만 사진으로 남기고 있어요. 가끔 작품전 제출을 위한 의뢰가 들어오면 교수들과 협업을 하며 사진을 찍기도 하고요. 사진 촬영에도 꽤 많은 비용이 들어가기 때문에 모든 프로젝트를 사진으로 남기긴 어렵죠. 규모가 큰 회사의 경우 대외적으로 홍보를 하거나 외국 작품집에 출품하기 위해 3년에 한 번 정도 작품집을 만들어요. 저희는 아직 그 정도 규모는 아니라, 추후에 여유가 생긴다면 만들어 보는 것도 좋을 것 같네요.

# 다른 분야로 진출이 가능한가요?

**편** 다른 분야로 진출이 가능한가요?

**김** 건축과 관련된 분야가 매우 다양하기 때문에 진출할 곳은 많아요. 디자인 경험을 살려 스튜디오 또는 랩이라 불리는 래버러토리Laboratory를 만들어서 건축 관련 서비스 일을 할 수도 있어요. 세계적인 건축가 중에는 가구 디자인에 매료되어 수십 년이 지난 지금까지도 사랑받는 작품을 남긴 분들이 있는데요. 그들처럼 가구 디자인 분야로 갈 수도 있죠. 많진 않지만 자동차 디자인 분야로 가는 사람도 있어요. 그런 분들은 자동차 내부의 인테리어와 색채, 조명 계획 등에 참여하고 있죠.

## 현재 삶에 만족하세요?

**편** 현재 삶에 만족하세요?

**김** 비교적 만족스러운 삶이라는 생각이 들어요. 건축을 하면서 자연스럽게 많은 사람들을 대하게 되었고 그들의 이야기를 들어주는 입장이 되었는데요. 타인의 말을 경청하면서 그분들을 더 잘 이해하게 되었고, 이야기 속에서 배우는 것도 많았죠. 듣는 행위 자체를 잘하게 되었고요. 잘 들어주는 사람으로 성향이 바뀌다 보니 가족이나 친구들과의 관계가 참 좋아졌어요. 사람들과 서로 존중하면서 즐겁게 살고 있으니 이만하면 꽤 만족스러운 인생이라 느껴지네요.

**편** 건축가가 된 걸 후회한 적은 없나요?

**김** 후회는 없어요. GS건설이라는 대기업에서 임원의 자리에 오르기 위해 고된 과정을 모두 겪어냈고, 임원이 된 이후엔 원하던 대로 건축사사무소를 운영할 수 있게 되어 정말 기뻤거든요. 목표했던 일들을 이루고 새로운 일에 도전하는 것이 즐거웠고, 그 과정에서 오히려 항상 제 능력보다 과한 대접을 받았기 때문에 감사한 마음이 크죠.

편 만약 직업 선택의 자유가 주어진다면 건축가 외에 어떤 일을 하고 싶은가요?

김 어린 학생들에겐 즐겁게 일할 수 있는 직업이야말로 최고의 직업이 아닐까 해요. 초등학교 시절엔 좋아하는 축구를 실컷 할 수 있다는 생각에 축구선수가 되고 싶었죠. 중학교 땐 권위 있는 판사가 되고 싶었고요. 그러다 고등학교에 들어갔는데 꿈이 없어졌고, 뭐든 되겠지 하는 마음이 들었어요. 희망도 없는 힘든 시기를 보냈죠.

만약 어떤 직업이든 가질 수 있다면 예술가나 탐험가가 되고 싶어요. 제 아들이 예술을 전공하게 되면서 자연스럽게 음악이나 미술을 하는 친구들을 많이 만나게 되었는데요. 그들을 보면 저와는 완전히 다른 세계에 살고 있는 것 같더라고요. 삶에 찌들어 있다는 느낌이 없고 즐겁고 자유로워 보였죠. 물론 능력이 되어야 하겠지만 원하는 대로 선택이 가능하다면 예술가로도 살아보고 싶네요.

새로운 일에 도전하고 성공하기까지의 과정을 즐기는 일은 매우 중요하다고 생각해요. 건축 외에 다양한 일에 도전해 보고 그 과정 하나하나를 즐기고 싶은 마음이 있어 탐험가로서의 삶은 어떨까 생각해 봤어요. 탐험가의 도전 정신으로 인해 인류가 미지의 영역을 개척해올 수 있었듯 저 역시 새로운 분야에 도전하고, 성취에 이르는 과정을 오롯이 즐길 수 있다면 그런 인생도 재미있을 것 같아요.

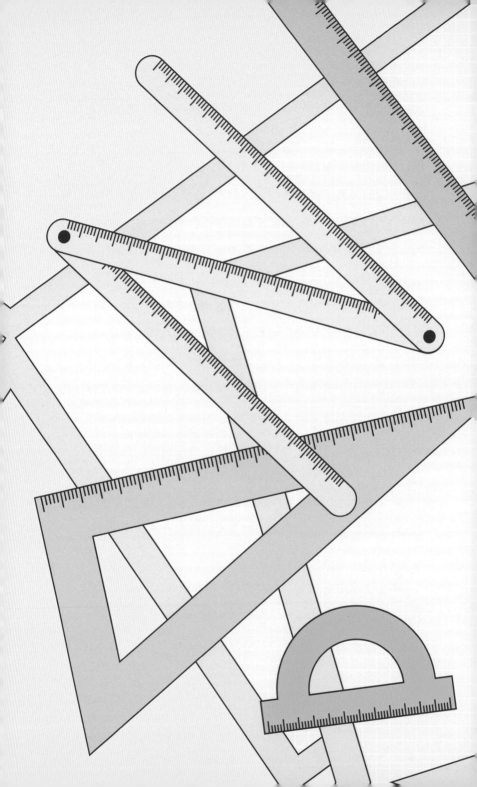

# 나도
# 건축가

# ↕연필 잡기↕

스케치는 연필을 제대로 잡는 것에서부터 시작해요. 사진을 보면서 올바른 연필 사용법을 익혀보세요.

# 선 긋기

연필 사용법을 익혔다면 이제 선 긋는 연습을 해 봐요. 가는 선, 굵은 선, 긴 선, 짧은 선, 딱딱한 선, 부드러운 선, 긴장된 선, 가벼운 선 등 다양한 선을 그어 보세요. 선은 스케치의 기본이랍니다.

# 1점 투시도법 따라 그리기

1점 투시도법은 눈높이에 하나의 소실점이 생기는 투시도법이에요. 그 소실점 하나에서 비롯한 방사선의 다양한 직선들을 기준으로 사물이나 인물, 정물들이 배치되게 그리는 방식으로 가깝고 먼 거리의 표현을 쉽게 보여줄 수 있어요. 즉 거리감과 원근감이 잘 드러나 깊이감을 느끼게 해 주죠. 예시를 따라 그려보며 1점 투시도법을 익혀보세요.


1점 투시도법 예시

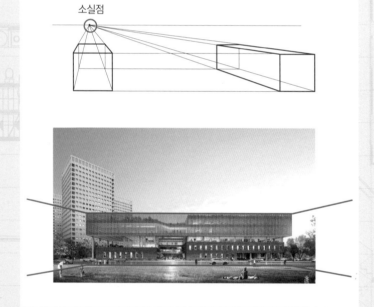

# 1점 투시도법 따라 그리기

# 2점 투시도법 따라 그리기

2점 투시도법은 눈높이에 소실점이 두 개 있는 투시도법이에요. 일반적으로 두 면이 만나는 지점을 기준으로 좌우로 작아지는 형태를 보여주기 때문에 화면이 넓게 보이는 장점이 있죠. 예시를 따라 그려보며 2점 투시도법을 익혀보세요.

2점 투시도법 예시

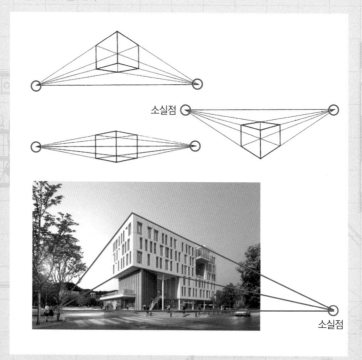

소실점

소실점

# 2점 투시도법 따라 그리기

# 3점 투시도법 따라 그리기

3점 투시도법은 눈높이에 두 개의 소실점과 더불어 수직선을 기점으로
하는 또 하나의 소실점이 나타나는 투시도법이에요. 주로 풍경을 그릴
때 사용하며, 웅장하고 장엄한 느낌을 주죠. 예시를 따라 그려보며 3점
투시도법을 익혀보세요.

3점 투시도법 예시

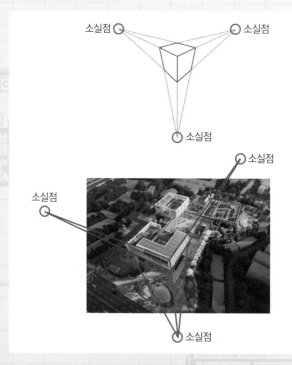

# 3점 투시도법 따라 그리기

# 사물을 관찰하고 표현하기

우리 주위의 다양한 사물을 자세히 관찰하고 여러 각도에서 그려보세요.
건축물보다 디테일이 많고 형태가 다양해서 관찰력과 스케치 기술을 키
워주죠.

# ⌐ 내가 살고 싶은 집 스케치하기 ⌐

여러분이 꿈꾸는 집은 어떤 모습인가요? 푸른 숲속과 잘 어울리는 아름
다운 목조주택? 도심 속 정갈한 한옥? 철근콘크리트로 지은 튼튼한 고층
건물? 환경을 생각한 패시브 하우스? 여러분이 살고 싶은 집을 스케치해
보세요.

# 내가 좋아하는 건축물 스케치하기

여러분이 가장 좋아하는 공간은 어디인가요? 세계적인 건축가가 설계한 건축물도 좋고, 고요한 울림을 주는 성당이나 교회, 마음을 편안하게 만들어 주는 고궁이나 도서관도 좋아요. 자신이 좋아하는 공간을 직접 찾아가 보거나 사진을 보고 건축물을 스케치해 보세요.

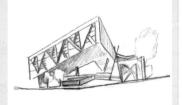 

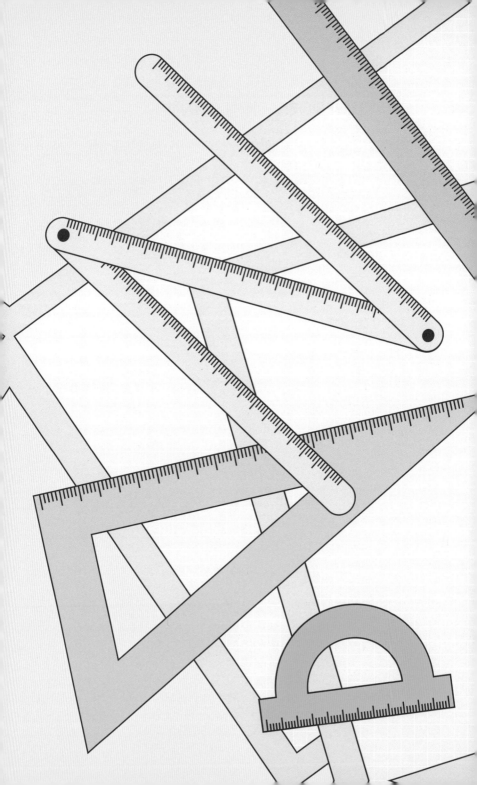

# 건축가 업무 엿보기

# 건축설계 과정

건축설계는 건축주로부터 설계의 조건을 의뢰받으며 시작해요. 이후 다음과 같은 여러 단계를 거치게 되죠. 하나의 건축물이 완공되기까지 거쳐야 할 과정들을 함께 살펴볼까요?

 ## 1. 사전기획

건축주 사전 검토 → 설계 의뢰 → 건축 기획 → 건축주 협의 → 계약

**2. 기획설계**

실행계획서 작성 → 프로젝트 착수 → 건축주 협의

 **3. 계획설계**

콘셉트 디자인 → 빌딩 디자인 → 시스템 디자인 → 건축주 협의

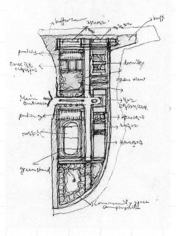 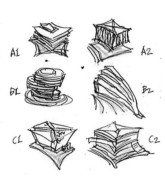

**4. 기본설계**

기본설계 업무 착수 → 기본 도서 작성 → 협력업체 협의 → 건축주 협의

 **5. 실시설계**

협의용 도서 작성 → 실시설계도면 → 디자인 협의 → 견적용 도면 → 시방서 → 건축주 검토 → 최종 도서 작성

## 6. 공사 및 감리

 ## 7. 준공

**영화 속 건축가**

영화 속에는 다양한 직업을 가진 수많은 인물이 등장하는데요. 그중에는 건축가라는 직업을 가진 캐릭터도 있고, 유명 건축가를 모델로 한 캐릭터도 있죠. 실제 건축가가 직접 출연한 경우도 있고요. 영화를 통해 건축가라는 직업에 좀 더 생생하게 다가가 볼까요?

이타미 준의 바다

2019년에 개봉한 〈이타미 준의 바다〉는 자연과 시간의 결이 깃든 건축을 선물했던 재일 한국인 건축가 이타미 준, 유동룡의 삶과 철학을 다룬 다큐멘터리 영화예요. 그의 건축은 자연과 물질의 조화, 지역 환경과의 조화, 인간과 자연과의 상생 등을 떠오르게 해요. 그가 생전에 밝힌 "그 땅에 살아왔고, 살고 있고, 살아갈 이의 삶과 융합한 집을 짓는 것이 제 꿈이고 철학이다"라는 말에도 이런 의미가 서려 있죠.

안도 타다오

2016년에 개봉한 〈안도 타다오〉는 전문적인 건축 교육은 받지 못했지만, 타고난 예술성과 도전정신으로 실력을 인정받았던 안도 타다오의 이야기를 담은 다큐멘터리 영화예요. 고교 시절엔 복서로, 청년 시절엔 건축 현장에서 치열한 나날을 보냈던 그는 우연히 서점에서 설계도면을 본후, 건축가의 꿈을 안고 유럽으로 향하죠. 현장에서 익힌 건축 지식을 기반으로 콘크리트를 연구한 끝에 누구도 만들 수 없는 건축물을 만들며 노출 콘크리트의 거장이 된 그의 이야기를 만날 수 있어요.

## 말하는 건축가

2012년에 개봉한 〈말하는 건축가〉는 나눔의 미덕을 아는 공공건축의 대가이자 건축계의 이단아 정기용의 삶을 다룬 다큐멘터리 영화예요. 정기용 건축가는 대장암 판정을 받은 후에도 자신의 건축세계를 담은 일민미술관 전시회와 후배 양성으로 여전히 바쁜데요. 삶의 마지막까지 사람과 자연을 향하는 건축을 알리고자 하지만, 시간은 얼마 남지 않았죠. 영화를 통해 무주공공프로젝트, 기적의 도서관 등을 설계하며 나누며 살고자 했던 그의 마지막 여정을 함께 할 수 있어요.

## 빛의 건축가 렌조 피아노

2018년에 개봉한 〈빛의 건축가 렌조 피아노〉는 영화감독 카를로스 사우라와 건축가 렌조 피아노가 건축과 영화의 관계에 대한 견해를 풀어놓는 영화예요. 렌조 피아노는 1998년 프리츠커 건축상을 수상한 세계적인 건축가예요. 주요 작품으론 파리의 퐁피두센터, 오사카의 간사이국제공항, 뉴욕의 뉴욕타임스빌딩, 바젤의 베일러재단미술관 등이 있죠. 영화는 그가 스페인 산탄데르 만에 보틴센터를 건축하는 과정을 담고 있어요. 아름다운 해안 도시의 미관을 해칠 거라는 우려와 무수한 어려움을 딛고 사람들을 위한 공공건축이 탄생하는 과정을 만날 수 있죠.

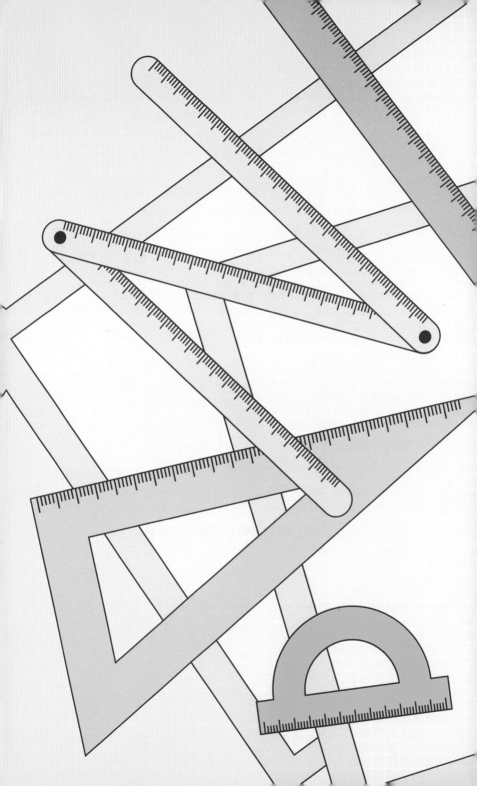

건축가에게
궁금한 Q&A

**Q** 어떤 건축이 좋은 건축일까요?

**A** 어렸을 때는 크고 고급스러운 집이 로망이었고, TV나 영화에 나오는 화려하고 아름다운 건축물을 좋아했는데요. 건축을 공부하면서 생각이 달라졌어요. 그런 집보다는 편안하고 아늑한 공간에 매료되기 시작했죠. 남에게 보여주면서 만족감을 느끼는 곳이 아니라 실제로 살면서 만족도가 높은 곳이 좋은 건축이라고 생각하게 되었고요. 몇 해 전에 모 대기업 회장이 큰 규모의 별장을 지었는데요. 취침 공간만은 매우 작게 설계했어요. 천장도 낮았으며 가구 역시 최소한의 것만 들여놓았죠. 예전에 어머니와 살던 작은 시골집의 안락했던 분위기를 잊을 수 없어 그렇게 만들었다고 해요. 그분에게도 좋은 건축이란 몸과 마음이 편안한 공간인 거겠죠?

**Q** 집을 짓는 분은 어떤 집에 사는지 궁금해요.

**A** 중이 제 머리 못 깎는다는 말이 있죠. 제가 딱 그래요. 많은 건축가들이 자신의 이상대로 집을 짓고 살기도 하지만, 저는 아직 아파트에서 살고 있죠. 물론 상상 속에서는 늘 제 집을 그리고 또 그려요. 조만간 제가 디자인한 집에서 노후를 보냈으면 하는 바람을 갖고 있죠.

**Q** 어떤 집을 짓고 싶으세요?

**A** 20년 전에 파주 임진강변에 500평 정도 되는 땅을 사놨어요. 두 가지 이유로 그곳을 선택했는데, 첫 번째는 당시에 곧 통일이 될 거라고 해서 그럼 임진강 주변이 요지가 될 것 같아 골랐었죠. 은퇴를 하고 시골로 가더라도 서울과 가까운 곳으로 가고 싶어 몇 군데를 고민했는데, 남쪽보단 북쪽이 개발이 덜 되어서 자연환경이 깨끗하게 보존된 편이라 고른 게 두 번째 이유였고요. 그곳에 따뜻한 햇볕이 드는 2층 집을 짓고 싶어요. 편안하게 음악을 들을 수 있는 공간과 좋아하는 책을 읽으며 커피를 마실 수 있는 공간이 있는 집으로요. 그게 지금의 제 로망이에요.


**Q** 선생님에게 집이란 어떤 의미를 가진 곳인가요?

**A** 많은 분들에게 집이란 재테크의 수단인데요. 저에게 집은 고된 일을 마치고 도시에 어둠이 스며들기 시작할 때 돌아갈 유일한 안식처예요. 무거워진 몸을 누이고 어지러웠던 마음을 녹이며 하루를 정리하는 곳이죠. 사랑하는 가족들과 함께 미래를 꿈꾸는 곳이기도 하고요. 직장인이 된지 얼마 되지 않았을 무렵엔 단칸방에서 자취를 했는데요. 좁고 불편했지만 어디를 가든 이틀 정도만 지나면 그 작은방으로 돌아가고 싶어졌어요. 휴식이 보장되는 포근

하고 안락한 나만의 둥지라고 생각했는데, 지금까지도 저에게 집은 그런 공간인 것이죠.

**Q** 건축가 입장에서 신축과 리모델링의 차이는 무엇인가요?

**A** 신축은 기존 건물을 부수고 새롭게 짓는 것이기 때문에 건축주나 건축가의 생각을 적극 반영해서 지을 수 있어요. 리모델링은 기존에 있는 구조를 유지하면서 노후화를 억제하거나 기능을 향상시키는 등 디테일에 변화를 주는 것인데요. 아파트의 경우 최신 유행을 따라 트렌디한 디자인으로 개보수되는 케이스가 많고, 농촌주택이나 오래전에 지어진 기와집의 경우 고풍스러운 분위기는 유지하면서 생활하는 데 더 편안하도록 성능을 개선하는 형태로 진행되고 있죠.

**Q** 집을 설계하면서 가장 중요하게 생각하는 부분이 있다면요?

**A** 사람마다 삶의 지향점이 다르기 때문에 각자의 생각과 취향에 따라 집을 짓게 되는데요. 저 같은 경우 규모나 화려함보다는 편안하고 휴식이 가능한 공간을 연출하는 데 주안점을 두고 있어요. 화려하고 눈부신 집이 보기에는 좋을지 몰라도 실제로 사용하는 사람이 편안함을 느끼지 못하면 좋은 건축은 아니라고 생각하거든요. 그

리고 하나 더, 제가 25년 정도 건설회사에 근무하면서 디자인은 아름답지만 시공 능력이 떨어지거나 재료의 특성이 설계와 맞지 않아 하자가 생기는 경우를 종종 봤어요. 내가 지은 건물은 최소 100년간 문제없이 사용할 수 있어야 한다는 생각으로 설계를 하고 있죠.

**Q** 건축은 사람을 품는 공간이죠. 당연히 사람의 행동이나 심리도 중요하게 고려해야 할 부분이라는 생각이 드는데요?

**A** 『The Hidden Dimension』이라는 책에 이런 내용이 나와요. 사람은 공간과 상태에 따라 심리가 달라진다는 건데요. 예를 들어 사람과 사람이 1미터 정도 떨어져 있을 때 이 두 사람이 친할 경우에는 친밀감이 극대화되지만, 잘 모르는 사이일 경우에는 적대감을 느끼기도 한다는 거죠. 토론을 할 때는 서로 마주 보는 것이 좋고, 친한 관계를 형성하려면 옆에 나란히 앉아서 대화하는 것이 좋은 결과를 얻을 수 있다고 하고요. 두 가지 예에서 보듯이 공간은 심리를 자극하거나 연결하는 고리가 되기도 해요. 또한 우리 인간을 둘러싼 환경, 특히 건축 환경은 사람의 무의식을 끊임없이 자극하며 정서적인 영향을 주기도 하는데요. 그런 이유로 좀 더 안락하거나 감각적인 환경, 긍정적인 영향이나 즐거움을 주는 환경을 조성하는 일은 매우 중요하죠. 건축가들은 이러한 공간심리를 디자

인에 반영해 사용자들이 불안감을 느끼지 않고 그들에게 좋은 영향을 줄 수 있도록 공간을 설계하고 있어요.

Q 대부분 처음 보는 낯선 장소로부터 설계가 시작될 텐데요. 낯선 대지를 대하는 선생님만의 방식이 궁금해요.

A 저 같은 경우 설계에 들어가기 전에 우선 해당 장소에 찾아가

설계에 들어가기 전에
우선 해당 장소에 찾아가서 몇 시간 정도 땅과 마주하는 시간을 가져요.

서 몇 시간 정도 땅과 마주하는 시간을 가져요. 주변을 지나다니는 사람들이 주로 어떤 경로로 이동을 하는지 살피기도 하고, 시간대별로 변하는 햇볕이나 공기의 흐름을 보기도 하죠. 건물이 어떤 모습으로 지어져야 주변과 조화를 이루며 녹아들지 고민해 보기도 하고요. 어떤 건축가들은 그 장소에서 하루를 지내면서 스물네 시간의 변화를 자세히 보기도 하죠.

**Job**
Propose 44

**Q** 좋은 건축물을 설계하기 위해선 다양한 분야에 대한 폭넓은 이해가 필요할 것 같은데요. 다양한 분야를 이해하기 위한 선생님의 노하우나 평소 이것만은 꼭 한다!라는 것이 있나요?

**A** 특별한 노하우는 없어요. 책을 많이 읽으면서 다양한 부류를 간접적으로 만나며 사람들을 이해하려고 노력하고, 인문학을 공부하며 인간을 둘러싼 여러 가지 문제들, 사상, 문화에 계속해서 관심을 갖는 것 정도죠. 신입사원 시절에 독서를 통해 세상을 배워보자는 마음으로 월급의 3퍼센트를 책에 투자하겠다고 결심했어요. 저만의 목표를 정하고 10년 이상 다양한 분야를 넘나들며 독서를 해왔던 게 건축가로서의 인생뿐만 아니라 저 개인에게도 많은 도움이 되었죠.

**Q** 건축가로서 어떤 관점을 가지고 세상을 바라보면 좋을까요?

**A** 코로나-19와 전쟁, 국제적으로 벌어지는 경제 패권 싸움 등으로 인해 우리는 혼돈의 시대를 살고 있어요. 그런 이유 때문인지 무엇보다 자본이 우선시되는 세상이 되었죠. 건축의 경우 큰 규모의 자본이 들어갔다고 해서 좋은 건축물이 나오는 것은 아니에요. 넓고 고급스러운 집만이 좋은 집인 것도 아니죠. 웅장하고 아름다운 고층 빌딩 하나가 세워진다고 해서 도시 전체가 아름다워지는 것

도 아니고요. 도시는 크고 작은 건축물 하나하나가 모여서 만들어지죠. 각 건물은 저마다의 역할이 있어서, 어떤 공간은 사람들의 활력소가 되고, 또 어떤 공간은 누군가가 살고 싶은 곳이 되기도 해요. 그런데 모든 건물들이 롯데타워처럼 위용을 과시하는 건축물이 된다면 우리의 도시는 어떤 모습을 하게 될까요? 각자의 위치에서 가장 빛나는 건물을 설계한다는 생각으로 그곳에 어울리는 공간을 만들어 나갔으면 해요.

**Q** 매일 똑같이 반복하는 일상의 습관이 있나요?

**A** 인생을 살다 보면 종종 후회하는 일이 생기죠. 생산적이지 않다는 걸 알면서도 자꾸 그런 마음이 들어서 좀 더 긍정적으로 살아야겠다는 생각에 명상을 시작하게 되었어요. 다짐을 한 이후로 아침에 일어나면 5분간 명상 시간을 갖고 머리를 맑게 비운 후 하루를 시작하고 있죠.

**Q** 세계 각지의 건축물 중 가장 인상 깊었던 곳은 어디인가요?

**A** 세계 여러 나라를 여행했는데요. 젊었을 땐 웅장하고 화려한 건축물에 눈이 갔어요. 그 옛날 기계도 없을 당시에 인력과 간단한 도구만으로 이 엄청난 건물을 건립했다니 놀랍기도 했고, 얼마나

오랫동안 사람들의 희생이 있었을까 생각하기도 했죠. 그러다 점차 작지만 위안을 주는 건축물에 관심이 가기 시작했어요. 2010년에 미국을 여행할 기회가 있었는데, 그곳에서 세계에서 가장 작은 예배당에 가게 되었죠. 입구가 협소해 허리를 굽히고 들어갔더니 뻥 뚫린 창문 밖으로 맑은 호수가 보이고 그 위에 작은 십자가가 있었어요. 가만히 무릎을 꿇고 앉아 고개를 들어 십자가를 바라보았죠. 저 이외에는 누구도 들어올 수 없는 자그마한 공간이었지만 전혀 답답하지 않았어요. 오히려 마음이 차분해지고 경건함이 절로 드는 곳이었죠. 짧은 시간 머물렀지만 강렬한 경외심이 들었던 터라 아직도 깊은 인상으로 남아 있어요.

**Q** 평소 좋아하거나 즐겨 찾는 공간이 있나요?

**A** 도시의 아파트와 회사가 있는 빌딩을 오가다 보면 갑갑해지는 순간이 와요. 그럴 때 달려가는 곳이 바로 한강이에요. 유유히 흐르는 강물을 보면서 멍 때리기를 하면 짧은 시간 안에 머리가 맑아지고 중요해 보였던 일들도 그리 심각하게 느껴지지 않죠. 강남에 있는 한 대형서점도 즐겨 찾는 곳이에요. 수많은 책으로 둘러싸인 공간의 분위기를 정말 좋아하거든요. 요즘엔 서점에서 책만 구입하는 것이 아니라 카페처럼 차를 마실 수도 있고, 마음에 드는 책이

있으면 잠깐 앉아 읽어보며 느긋함을 즐길 수도 있죠. 단순히 책을 사고파는 곳이 아니라 휴식을 취할 수 있는 공간으로 설계되어 그곳에 가면 편안함을 느끼게 돼요. 책 냄새를 맡으며 여유롭게 나만의 시간을 보내다 보면 재충전되는 느낌도 받고요.

**Q** 삶의 형태가 바뀌고 있고, 특히 요즘은 코로나-19로 인해 집에 머무는 시간이 길어지고 있는데요. 이러한 변화에 따라 집에 대한 인식이나 의미도 달라지겠죠?

**A** 아침 일찍 출근해서 저녁 늦게 퇴근하는 삶을 살았을 땐 집이 상당 시간 비워져 있었어요. 돌아왔을 때의 집은 대부분의 사람들에게 휴식의 공간이었고요. 최근 재택근무의 비율이 높아지면서 집이 쉬는 공간이자 일하는 곳이 되어버렸어요. 전업주부에게 그동안 집이 일터이자 휴식 공간이었던 것과 같은 상황이 된 것이죠. 아이와 함께 생활하는 경우 집은 원격수업을 듣는 교육의 장소가 되거나 수업이 끝난 후엔 놀이의 장소가 되기도 해요. 이런 현상이 장기화된다면 추가된 기능에 맞춰 집중력을 높이는 인테리어를 한다거나 가족 구성원의 상황에 맞게 공간을 자유롭게 구성하는 등 집도 변화해 나가겠죠.

**Q** 건축물을 보기 위해 여행을 떠나는 사람에게 추천하고 싶은 곳이 있다면요?

**A** 그동안 건축물을 보기 위해 굉장히 많은 나라를 여행했는데요, 그중에서 두 곳을 꼽고 싶어요. 우선 건축을 공부한다면 이탈리아를 추천해요. 유명한 건축가의 작품이 유독 많고 아름다운 건축물도 많은 곳이거든요. 기원전에 세운 신전이나 비잔틴 양식의 성당들, 고대 로마제국의 뛰어난 건축 기술이 집약된 판테온의 돔 등 볼거리가 굉장히 많죠. 스페인은 유럽의 다른 어떤 나라보다 독특한 문화를 가지고 있어요. 기독교 문화와 이슬람 문화가 어우러져 매우 혼성적인 문화가 탄생했거든요. 이러한 영향으로 스페인의 건축은 다양한 모습을 보이기도 하고 독특한 분위기를 내기도 해요. 화려하고 우아한 카탈루냐 음악당이나 세계에서 가장 아름다운 병원이라는 산트 파우 병원, 안토니 가우디가 설계한 까사 밀라, 까사 바트요, 사그라다 파밀리아 성당, 구엘 공원 등 스페인의 뛰어난 건축물도 꼭 봐두면 좋을 것 같네요.

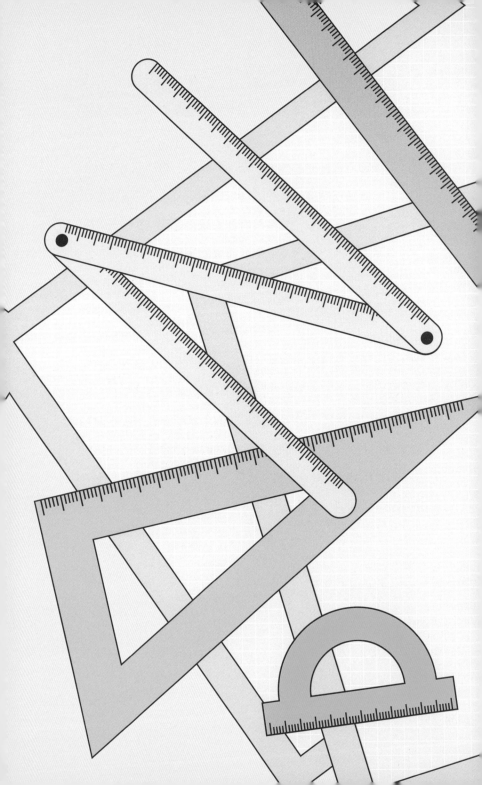

# 건축가 김세종
# 스토리

**편** 어린 시절에 대한 이야기가 궁금해요.

**김** 6남매 중 다섯째로 태어나 형제가 많은 가정에서 자랐어요. 부모님께서는 조그만 과수원과 논을 경작하며 넉넉하진 않지만 부족하지도 않게 저희를 키워주셨죠. 사실 아버지는 할아버지를 일찍 여의고 집안을 책임져야 하셨어요. 초등학교도 제대로 다닐 수 없는 상황이라 집에서라도 공부를 하려고 굉장히 노력하셨죠. 그런 어린 시절을 겪으셔서 자식들만큼은 원하는 대로 배울 수 있도록 최선을 다하셨어요. 기회만 된다면 세계로 나아가 공부하기를 원하셨고요. 어머니 역시 자식들이 공부하는데 지장이 없도록 지원과 격려를 아끼지 않으셨고요.

가족을 건사하기 위해 과수원과 논을 일구느라 얼마나 고생하셨는지 알기에 대학 등록금을 타가는 것이 너무 죄송스러웠지만 당시엔 지금처럼 아르바이트를 하는 것도 어려워서 대신 열심히 공부해서 돈을 많이 벌겠다고 다짐했죠. 어느 날 아버지와 대화를 나누다 취직해서 해외로 나가 큰돈을 벌고 싶다고 말씀드렸는데요. "큰 부자는 하늘에서 내어 주고, 작은 부자는 근면하면 된다. 열심히 노력하면 되지 많은 돈을 벌려 하지 마라. 그리하면 건강도 마음도 다칠 수 있다."고 말씀하시더라고요. 지금도 생생히 기억나네요. 자식이 여럿 있는데 왜 아버지라고 큰돈을 벌고 싶지 않았겠어요. 인생의 경험을 통해 그것이 마음대로 되는 일이 아니란 걸 아신 것이죠. 근면과 성실이 얼마나 큰 미덕인지도 자신의 삶을 통해 깨우치신 것이겠고요.

**편** 어렸을 때 꿈은 뭐였나요?

**김** 아주 어렸을 때 누나들이 찐빵과 만두를 사준 적이 있었는데요. 그 찐빵이 어찌나 달콤하고 맛있던지 나도 나중에 찐빵 장사를 해야겠다고 생각했어요. 그럼 맛있는 걸 마음대로 먹을 수 있다고 생각한 것이죠. 초등학교 3학년이 되어 처음 자장면을 먹어보곤 마음이 바뀌었지만요.^^ 4학년 때 담임 선생님께서 장래희망이 무엇인지 적어오라는 숙제를 내주셨어요. 무얼 적어야 할지 몰라 형에게 물어보니 판사라고 적으래요. 왜 판사냐고 물으니, 판사는 다들 나리라고 부른다는 거예요. 무척 높은 지위에 있는 사람인가 싶어 판사라고 적었죠.

학교에 가서 보니 친구들은 장군이나 과학자, 대통령, 사업가 등을 써와선 자기가 적은 직업이 최고라며 침을 튀기며 자랑했어요. 선생님이 들어오셔서 수업이 시작되었고, 자신의 장래희망을 얘기하고 왜 그런 생각을 했는지 설명하는 시간을 갖게 되었죠. 친구들은 직업에 대해 얘기하고 장점을 설명했는데, 저는 제 차례에 어떤 말을 해야 할지 모르겠는 거예요. 형이 말해준 직업을 그냥 적어왔으니 하는 일이 뭔지 좋은 점이 뭔지 하나도 몰랐죠. 난감해서 어찌할 바를 모르고 있을 때 선생님이 판사에 대한 설명을 대신해 주셨어요. 설명을 잘해 주셔서 그 순간 제가 판사가 된듯한 기분이 들었죠. 하는 일을 보니 멋진 직업이란 생각도 들어 중학교 때까지 판사라는 꿈을 꾸었고요.

**편** 특별히 기억에 남는 어린 시절의 추억이 있나요?

**김** 저는 초등학교 때까지 학교와 2Km 정도 떨어진 시골에 살았는데요, 4학년 때 시내에 있는 친구 집에 놀러 가게 되었어요. 친구 어머니가 맛있는 과일을 주시면서 재미있게 놀다 가라고 해서 친구 방에 들어갔는데 동화책이 너무 많은 거예요. 『로빈슨 크루소』, 『바이킹 탐험』 등 말로만 듣던 50권짜리 동화 전집도 있었죠. 친구에게 한 권만 빌려달라고 해서 책을 품에 안고 집으로 돌아와 열심히 읽었어요. 다 읽고 나니 다른 동화책도 읽고 싶어져서 그 뒤로도 매일매일 그 친구 집에 놀러 갔던 기억이 있어요. 전집의 진한 주황색 책 표지가 지금도 눈에 선하네요.

편 공부는 잘했나요?

김 형제들이 많아서 함께 공부하는 시간이 많았고 서로를 도와주기도 했는데요. 그러다 보니 형제들 모두 성적이 좋은 편이었죠. 교육에 관심이 많으셨던 아버지의 영향도 컸고요. 저 같은 경우 공부를 매우 잘했다기보다는 책을 많이 읽어서 글쓰기를 잘하는 학생이었어요. 초등학교 시절엔 전교 어린이 회장도 했던 기억이 나네요. 내성적인 성향이라고 생각했는데 그런 걸 보면 적극적인 면도 있었나 봐요.

편 특별히 좋아했던 과목이나 싫어했던 과목이 있었나요?

김 특별히 좋아한 과목은 수학이었어요. 수학을 잘하면 머리가 좋은 거란 얘기를 듣고 더 열심히 했던 기억이 나요. 반면 음악 과목을 싫어했어요. 시험만 보면 거의 낙제점 수준이었죠. 그런데 지금은 클래식 음악 듣는 걸 정말 좋아해요. 시험을 위해 억지로 외우며 듣는 음악과 마음의 평온을 느끼며 취미로 듣는 음악이 이렇게나 다르네요.

편 특별히 기억에 남는 학창 시절의 추억이 있나요?

김 저는 아침이면 친한 친구들과 만나 함께 학교에 갔는데요. 제가 살던 곳이 대부분 과수원을 하던 지역이라 친구들을 만나면 서로 자기 집에서 키우는 과일을 나눠 먹었죠. 어떤 친구는 사슴벌레와 풍뎅이를 잡아 와서 과일과 바꿔 먹기도 했고요. 중학교에 올라가서는 고등학교 시험에 대비해 공부를 더 열심히 해야 했어요. 시골이라 근처에 도서관이 따로 없었기 때문에 친구들과 함께 시내에 있는 문화원까지 가서 공부도 하고 놀기도 했죠. 그때 즐겨 먹던 보름달 빵과 요구르트는 최고의 간식이었어요.

📭 중, 고등학교 시절엔 어떤 학생이었나요?

🔲 학교 수업이 모두 끝나면 넘치는 에너지를 발산하기 위해 한두 시간은 농구와 축구를 하며 보냈어요. 운동이 끝나면 바로 독서실로 달려가서 나름대로 열심히 공부도 했고요. 덕분에 고등학교에 다니는 3년 내내 장학생이 될 수 있었죠.

📭 대학생활은 어땠나요?

🔲 저는 고등학교 때까지 시골에서 살다 대학에 들어가면서 처음 서울에 올라오게 되었어요. 대학교에 입학하고부터는 누나네 집에서 살고 있었는데, 어느 날 친구 하나가 종로2가에 있는 종로서적 앞에서 만나자고 하더라고요. 버스를 타고 가는데 서울 지리를 잘

몰라서 종로라는 단어만 듣고 내렸더니 종로5가였죠. 길을 물어 종로2가 방면으로 걸어가는데 가도 가도 끝이 없는 거예요. 맞게 가고 있는지 불안한 마음도 들고, 반대 방향에서 사람들이 걸어오는 모습이 꼭 나한테 달려드는 것 같아 압박감도 느껴졌죠.

처음엔 그런 압박감과 도시의 위압감으로 인해 스트레스를 받기도 했지만 대학 생활 자체는 즐거웠어요. 대학생이 되니 친구들과 술도 마실 수 있고, 미팅도 할 수 있어서 좋더라고요. 저는 한양대학교 공대에 들어갔는데, 수업 교재가 거의 다 영어로 되어 있었어요. 그것 때문에 초반엔 너무 힘들었지만 그게 또 더 열심히 공부하게 된 이유가 되기도 했어요. 도서관에 다니며 책도 많이 읽고 학과 공부도 하면서 조금씩 서울 생활, 대학 생활에 적응해 나갔죠.

**편** 다시 대학 시절로 돌아간다면 꼭 해 보고 싶은 것이 있나요?

**김** 동아리 활동을 해 보고 싶어요. 제가 대학에 다닐 때에는 서클이라고 했었죠. 다양한 친구들을 만나 각자의 꿈과 미래에 대해 얘기할 수 있는 좋은 기회였을 텐데 그러지 못해 아쉽거든요. 배낭여행도 해 보고 싶네요. 돌아보니 그때가 가장 여유로운 시간이었더라고요. 세계 곳곳을 돌아다니며 사람들의 삶을 들여다보고 그들이 어떤 생각을 하는지, 어떤 문화를 가지고 있는지 더 많이 느껴봤으면 좋았을 것 같다는 생각이 들어요.

편 이 분야로 진로를 결정하게 된 계기가 궁금해요.

김 저는 한양대학교 공학 계열로 입학을 했는데 입학 전에 원했던 전공은 원자력공학이었어요. 당시엔 원자력이 최첨단 분야였고 정부의 지원도 많아서 전도유망하다고 생각했거든요. 그런데 친구나 선배들과 얘기하면서 건축공학 쪽으로 마음이 기울기 시작했어요. 건축 역시 취직이 잘 되는 전공이었고, 공학적 능력이 요구되는 건축구조 분야라면 잘할 수 있겠다는 자신감도 있었죠. 원자력공학과 선배는 다시 한번 잘 생각해 보라는 식으로 얘기하며 적극적으로 권하지 않았는데, 건축공학과 선배는 건축에 대한 자부심이 대단해 장점을 늘어놓으며 권유를 하기도 했고요. 그렇게 2학년 때부터 건축공학 공부를 하게 되었어요. 공부를 하다 보니 건축구조보다는 디자인에 더 재능이 있다는 걸 알게 되었죠.

편 진로 선택을 하는데 영향이나 도움을 준 사람들이 있나요?

김 당시는 지금처럼 직업체험 교육이 있지 않던 시기였어요. 직업전문가나 진로상담교사, 관련 서적도 거의 없었고요. 정보가 너무 없어서 나름대로 이 직업의 장점과 미래에 대해 생각해 보거나 내가 건축가로서 경쟁력이 있을까 고민하는 것밖엔 방법이 없었죠. 거기에 선배나 친구들에게 얻은 조언을 종합해 결정을 내렸어요.

편 건축가를 꿈꾸는 학생들에게 추천하고 싶은 책이나 영화가 있다면요?

김 시골에서 자라서 영화를 볼 수 있는 기회가 많지 않았어요. 대신 문화원에서 책을 수없이 빌려다 읽었죠. 방학 때는 하루에 한 권씩 읽기도 했고요. 성인이 되어서도 책을 많이 읽고 있는데, 사실 건축 관련 도서보다는 인문학 책을 주로 읽어요. 좋은 건축물을 만들기 위해서는 무엇보다 그 공간을 이용할 인간에 대한 이해가 중요하다고 생각하거든요. 그동안 읽었던 것 중에 대학생 때 읽었던 알베르 카뮈의 『이방인』과 헤르만 헤세의 『싯다르타』, 최근에 다시 읽게 된 레프 톨스토이의 단편 『두 노인』을 추천하고 싶어요. 모두 삶의 방식에 대해 고찰해 보게 만드는 책이라 한 번은 읽어봤으면 해요.

저는 가끔 머리가 복잡할 때면 사마천의 『사기』를 꺼내들어요. 두꺼운 책이라 그때마다 전부 읽진 않고 중간중간 제가 보고 싶은 부분만 찾아 읽고 있죠. 책을 읽는다고 고민이 모두 해결되는 것은 아니지만 가끔은 사마천의 이야기를 통해 지혜를 얻기도 하죠. 세

월의 검증보다 더 정확한 비평은 없다는 말도 있잖아요. 소개해 드린 것처럼 고전이 오랫동안 지속적으로 읽히는 것은 분명 어떤 가치가 있기 때문이라고 생각해요. 그 가치는 시대를 초월해서 계속해서 공감대를 얻으며 이어져 나가고 있죠.

**편** 건축가가 되고 첫 출근한 날, 기억나세요? 어떤 생각이 들었는지 궁금해요.

**김** 처음 입사한 곳은 외국계 건설회사로 첫 출근 날 신입사원을 모두 모아놓고 오리엔테이션을 진행했어요. 특정 업무를 한 것이 아니라 다 함께 교육을 받는 것이 전부여서 긴장이 되었다거나 특별한 감정이 들진 않았죠. 첫 출근 날 보단 오랫동안 몸담았던 건설사에서 퇴직하고 건축사사무소 대표로 첫 발을 내딛은 날, 수많은 감정이 올라왔어요. 잘할 수 있겠다는 자신감이 있어 시작한 일이지만 마음 한 편에선 작은 걱정도 있었죠. 막중한 책임감이 드는 한편 새로운 시작에 대한 설렘도 있었고요. 그 외에도 수많은 감정이 요동쳤던 날이라 특별한 날로 기억되고 있죠.

**편** 본인이 생각하는 자신의 장점과 단점은 무엇인가요?

**김** 장점이라면 부지런하고 전략을 구체적으로 세운다는 거예요.

전략을 세우고 그에 맞는 할 일을 정리하고 나면 지체 없이 실행에 옮기는 것도 좋은 점이라 할 수 있겠고요. 반면 단점은 실행을 함에 있어 디테일이 다소 부족하다는 거예요. 너무 서두르는 경향도 있고요. 사업은 사소한 실수로 인해 성패가 갈리기도 해서 좀 더 꼼꼼하고 차분해져야겠다는 생각을 해요.

**편** 꿈꾸던 것을 이루고 있다고 생각하세요?

**김** 아직 진행형이라고 생각해요. 건축공학을 전공으로 선택하고 공부해서 건축가라는 꿈을 이뤘지만, 다른 꿈을 또 계속해서 꾸고 있거든요. 작은 꿈들을 하나하나 달성해 나가면 보람과 기쁨이 따르니 계속해서 새로운 꿈을 꾸게 되죠. 건축가는 나의 꿈만이 아니라 건축주의 꿈도 실현해 주는 사람이에요. 보통 집이나 건물을 짓는 사람들은 다 지어질 곳을 생각하며 즐거운 상상을 하죠. 그런 분들과 함께 하다 보면 더불어 즐거워지기도 하고, 눈에 보이는 결과를 내서 확실한 행복을 안겨드릴 수 있으니 흐뭇해져요.

**편** 지금까지의 삶을 돌이켜 봤을 때 가장 잘했다고 생각하는 것이 있다면요?

**김** 1993년에 목동 현장에서 기사로 일하고 있었는데요. 아침부터 저녁까지 힘든 현장 일을 하다 보니 이 일을 평생 할 수 있을까 하는 생각이 들더라고요. 고심 끝에 건축사 자격을 따기로 결심하고 공부를 시작했죠. 일과 공부를 병행해야 해서 시간도 체력도 부족하기만 했어요. 목동 현장에서 일이 끝나면 강남에 있는 학원으로 가서 10시까지 수업을 듣고 다시 독서실로 가서 새벽 1시까지 공부했죠. 5시면 다시 출근을 했고, 쉬는 날에는 열일곱 시간을 공부했고요. 그런데도 첫 시험에선 떨어졌어요. 다음 해에는 카타르에서 근무를 하게 되어 시험 준비를 하지 못했고 귀국하자마자 다시 공부를 시작했죠. 다행히 그 해에 건축사 자격을 취득했어요. 당시 건설사에 근무하는 사람들 중엔 건축사 자격을 취득한 사람이 드물었는데, 그런 만큼 대우도 받고 바로 과장으로 진급도 할 수 있었죠. 자부심도 느낄 수 있었고요. 직장에 다니면서 공부를 한다는 게 쉽지는 않았지만 더 나은 미래를 그리며 최선을 다했던 게 가장 잘한 일이라고 생각해요.

🔲 자녀가 있다면 권할 만한 직업인가요?

🔲 그럼요. 제 아이는 지금 음악을 전공하고 있는데, 만약 건축에 관심이 있었다면 적극적으로 지원해 줬을 거예요.

**편** 건축가로서 앞으로 어떤 목표를 갖고 있나요?

**김** 제가 건설사에서 퇴직을 한 이후에도 7~8년간 더 열심히 일할 수 있었던 건 새로운 사업을 시작했기 때문이라고 생각해요. 새로운 일에 대한 열정이 동력으로 작용해 신나게 일할 수 있었죠. 덕분에 처음 시작할 땐 대여섯 명 되던 직원이 30명 정도로 늘었고, 매출 규모 역시 몇 년 사이에 10배 이상 커졌어요. 보람도 느끼지만 살아있다는 느낌이 생생해서 제 삶 자체에 활력이 생겼죠. 이런 경험을 해 봐서인지 이 사업을 통해 더 돈을 벌고 싶다는 생각보단 어느 정도 마무리를 하고, 또 다른 길을 가보고 싶단 마음이 들어요. 아직 구체적으로 어떤 일이 될진 확실하지 않지만 제 열정을 온전히 쏟아부을 수 있는 새로운 일에 도전할 생각이에요.

**편** 마지막으로 건축가를 꿈꾸는 청소년들에게 하고 싶은 말이 있나요?

**김** 청소년으로서 가장 좋은 점은 어떤 꿈이든 도전할 수 있고, 성공할 가능성도 높다는 점이 아닐까 싶어요. 여러 가지 꿈과 희망 가운데에는 건축가라는 직업도 있는데요. 세상과 교류하면서 삶의 모습을 이해하고, 문화를 창조하고 싶다면 건축에 도전해 보는 건 어떨까요? 디자인에는 국경이 없죠. 우리는 언어와 몸짓으로 세계와 소통하는데, 그러한 수단 없이도 느낄 수 있는 아름다움이라는 공통분모를 가지고 있거든요. 그래서 건축은 국제설계경기가 많은 분야이기도 해요. 세계적인 건축가가 되는 길도 넓게 열려 있다는 뜻이죠. 주어진 조건에 자신만의 색깔을 얹어 안락하고 아름다운, 이전에 없던 새로운 공간을 창조하는 일은 얼마나 즐겁고 보람되는지 몰라요. 어떤 사람이 자신이 있는 공간에서 편안함과 아름다움을 느끼고 이곳을 만든 사람에게 궁금증을 느낀다면 그 사람이 있는 곳은 분명 좋은 건축물일 거라 생각해요. 그 공간을 설계한 사람이 여러분이라면 정말 멋질 것 같지 않나요?

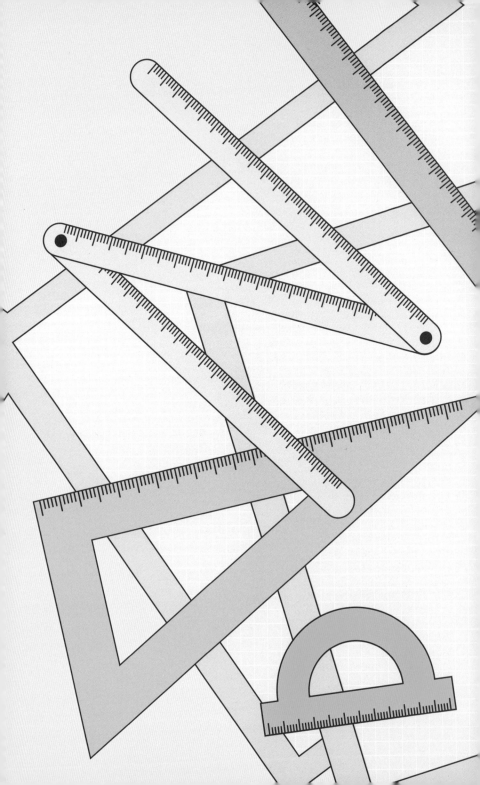

# 건축가의
# 스케치북

- logical platform

- translative platform
  gateway
  platform

twisted platform
  gateway
  gateway
  platform

Nature? twisted linke
  platform의 변형으로
  시각적인져 재미있게 세련호하

mass

SITE
  각도 1.0228.

Expansion of Nature

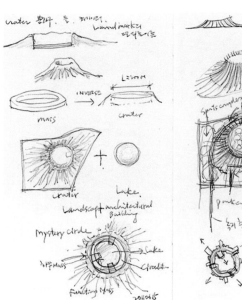

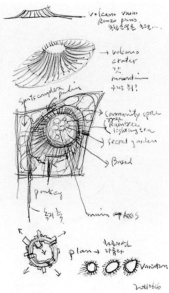

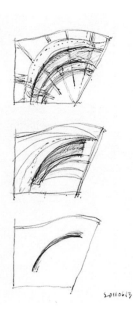

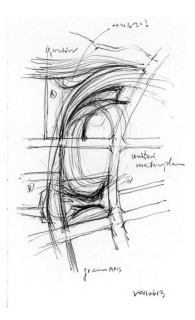

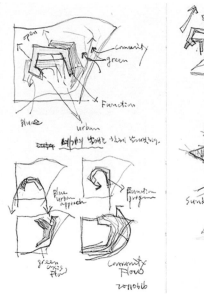

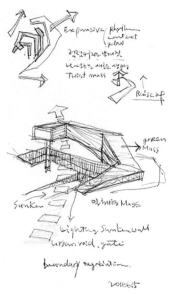

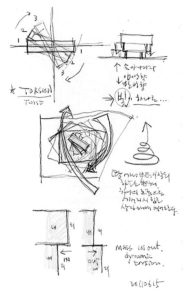

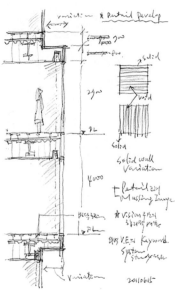

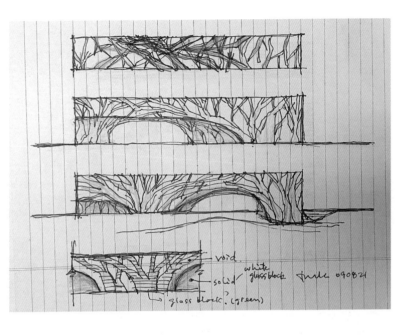

void.
solid.
white glass block
glass block. (green)

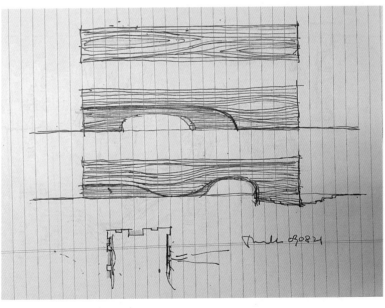

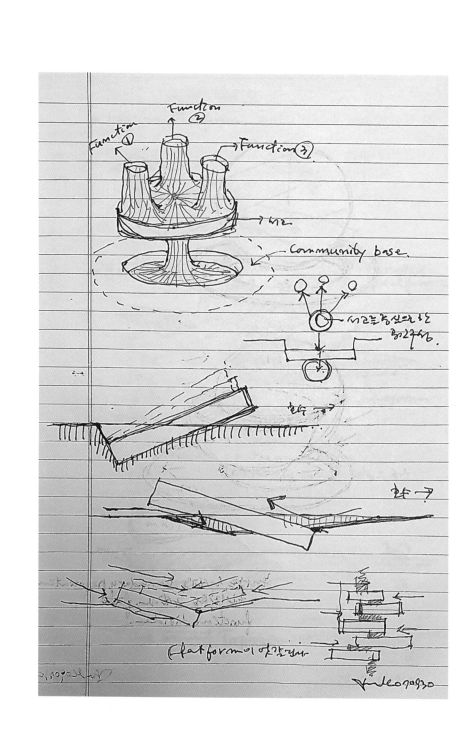

Function ①

Function ②

Function ③

시간

Community base.

시간동선크기 화감상.

함수 →

함수 →

function

Flatform이 약감상 →

KILEO7093O

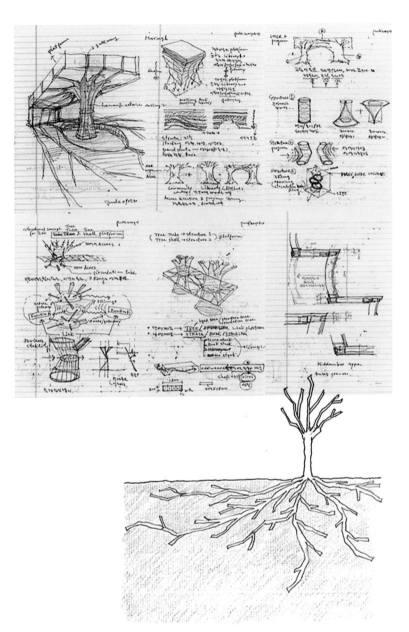

88.8.8 park

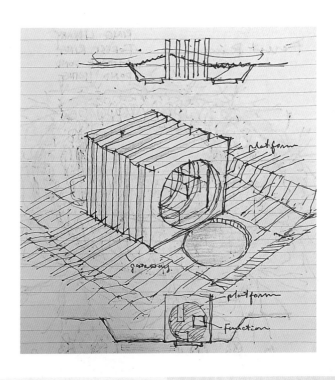

platform

gateway

platform

function

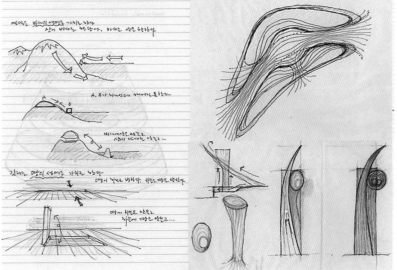

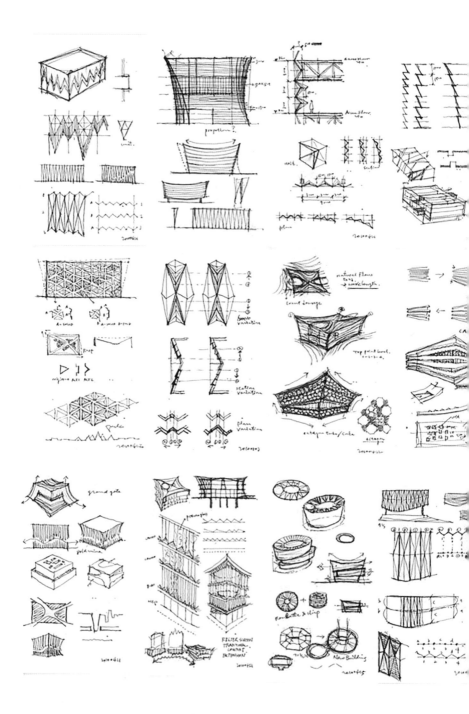

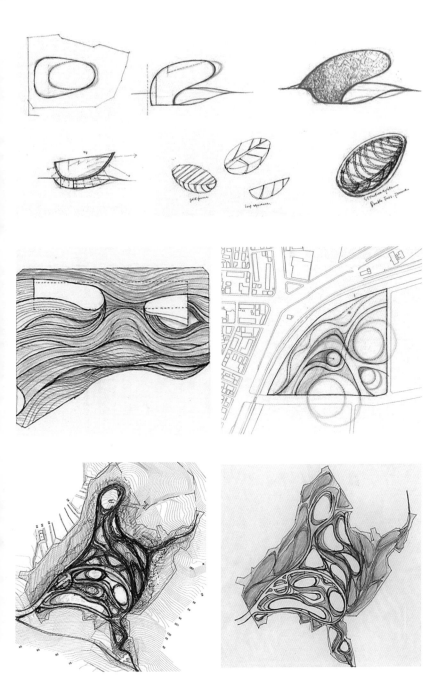

청소년들의 진로와 직업 탐색을 위한
잡프러포즈 시리즈 44

# 최선의 공간을 꿈꾸는
# 건축가

2021년 10월 12일 | 초판 1쇄
2023년 9월 20일 | 초판 3쇄

지은이 | 김세종
펴낸이 | 유윤선
펴낸곳 | 토크쇼

편집인 | 박가영
디자인 | 이민정
마케팅 | 김민영

출판등록 2016년 7월 21일 제2019-000113호
주소 | 서울시 마포구 월드컵북로98, 2층 202호
전화 | 070-4200-0327
팩스 | 070-7966-9327
전자우편 | myys327@gmail.com
블로그 | http://blog.naver.com/talkshowpub
ISBN | 979-11-91299-43-4 (43190)
정가 | 15,000원